荆楚新闻与传播研究丛书

中国近现代新闻团体初论

廖声武 等著

ZHONGGUO
JIN-XIANDAI
XINWEN
TUANTI
CHULUN

本书为国家社科基金重大项目"中国近现代新闻团体资料搜集、整理与研究（1905—1949）"阶段性成果之一

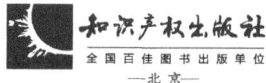

知识产权出版社
全国百佳图书出版单位
—北京—

图书在版编目（CIP）数据

中国近现代新闻团体初论 / 廖声武等著 .—北京：知识产权出版社，2022.12
ISBN 978-7-5130-8647-9

Ⅰ.①中… Ⅱ.①廖… Ⅲ.①新闻组织机构—新闻事业史—研究—中国—近现代 Ⅳ.① G219.21

中国版本图书馆 CIP 数据核字（2022）第 256563 号

内容提要

中国近现代史上新闻团体以同业组织的形式表达报人群体的政治参与，在捍卫国家主权、自身职业诉求和社会诉求、积极抵制当局对报界的钳制、维护报界权益、培养新闻传播人才等方面做出重要贡献。本书对相关团体进行研究，有助于了解中国新闻团体的发展状况，对全面、系统地研究中国新闻史具有基础性作用。本书分为三部分：首先，选取近现代史上新闻领域典型行业公会，梳理其发展历程和发挥的主要行业功能；其次，剖析行业公会的教育理念；最后，对近现代新闻团体研究的学术历程进行梳理和反思。

本书适合新闻学研究者、新闻从业者阅读。

责任编辑：李　婧　　　　　　　责任印制：孙婷婷

荆楚新闻与传播研究丛书

中国近现代新闻团体初论

廖声武　等著

出版发行：知识产权出版社有限责任公司	网　　址：http://www.ipph.cn
电　　话：010–82004826	http://www.laichushu.com
社　　址：北京市海淀区气象路50号院	邮　　编：100081
责编电话：010–82000860转8594	责编邮箱：laichushu@cnipr.com
发行电话：010–82000860转8101	发行传真：010–82000893
印　　刷：北京中献拓方科技发展有限公司	经　　销：新华书店、各大网上书店及相关专业书店
开　　本：720mm×1000mm　1/16	印　　张：10.5
版　　次：2022年12月第1版	印　　次：2022年12月第1次印刷
字　　数：160千字	定　　价：58.00元

ISBN 978-7-5130-8647-9

出版权专有　侵权必究
如有印装质量问题，本社负责调换。

前　言

　　在中国新闻史研究领域，有关新闻团体的研究是一个小众话题。现有的新闻史研究，大多是有关新闻媒体、新闻事业以及杰出记者编辑的研究。本人平时喜欢看闲书，大多时候的阅读漫无目的。在读博期间，接触了许多研究社会团体的著作，比如商会、帮会、律师公会等方面的著作，觉得中国新闻史在这方面研究不足，相关研究对这一块内容没有给予充分的关注。在和从事历史研究的学者交流中，特别是与李严成教授的交往中受到他的鼓励，我申报教育部人文社科项目，2010 年获得项目资助，开始了这方面的研究。结题之后，断断续续，也一直在这个领域刮摩，写出了一些论文。2020 年末，本人又幸运地获得国家社科基金重大项目资助，得以继续从事这个专题的研究。

　　2022 年 6 月，湖北大学新闻传播学院和国家社科基金重大项目组主办了一次学术研讨会，来自 10 余所知名院校的从事新闻史领域研究又对新闻团体研究有独到见解的权威专家学者们突破时间与空间的界限，线上线下相聚互动，共同探讨中国近现代新闻团体发展等议题。湖北大学党委常委、副校长钱建国教授，中国社会科学院新闻与传播研究所原所长、湖南师范大学新闻与传播学院院长尹韵公教授，国务院学位委员会新闻传播学科联席召集人、中国社会科学院大学特聘教授唐绪军教授，湖北大学新闻学院院长聂远征教授出席并致辞。

　　这是针对新闻团体研究进行的一次专题研讨会，分为上下半场。上半场由《现代传播》副主编张国涛教授主持，中国社会科学院新闻与传播研究所原所长、湖南师范大学新闻传播学院院长尹韵公教授以"中国近代新闻团体的幼年期"为题，做主旨演讲。中国新闻史学会会长、中国人民大学新闻学院副院长王润泽教授带来她的最新研究成果"战时新闻学：新闻学在大时代中发展和创新"在本次会议上发表。暨南大学新闻与传播学院赵建国教授长期耕耘在中国新闻团体研究领域，成果丰硕，在本人主持教育部课题的时候将他的许多资料赠予我，给予无私的帮助，本次会议，他以"新闻记者联合起来：国民革命时期的广州市新闻记者联合会"为题做主旨发言，这也是他在这个领域的最新研究成果。河南师范大学历史文化学院副院长张继汝副教授以其精专的研究，在会上作"职业代表与社会责任：新闻记者团体争取1936年国民大会代表选举权探析"主旨发言。湖北大学新闻传播学院杨翠芳教授以"从自发到自觉：清末民初保人群体意识发展背景与过程探究"为题做主旨发言。

会议下半场由《新华文摘》的刘永红编审主持。中国新闻史学会秘书长、中国人民大学新闻学院邓绍根教授对中国新闻史上有重要影响的团体北京大学新闻学研究会有丰硕的研究成果，本次会议上他以"建党前后毛泽东与中国早期新闻教育的兴起"做主旨发言。中国传媒大学新闻学院艾红红教授以"王完白与上海市无线电播音业同业公会：1934—1949"，安徽大学中国报刊与社会历史研究所所长、新闻传播学院王天根教授以"中国新闻舆论史探索及其书写省思"，重庆大学新闻传播学院抗战新闻传播史研究中心主任齐辉教授以"中国近代报贩群体与报界发行的博弈"，湖北大学马克思主义学院副院长徐信华教授以"从思想同人到阶级同志——《新青年》'话语主题'演变与中共组织基础之形成"作主旨演讲。

研讨会收获满满。在会议闭幕式上，《新闻记者》刘鹏主编发言时认为，"此次研讨会，无论是资深教授还是新锐学者，都从不同的角度拓展了学界对中国新闻史的理解，提供了全新的知识和独特的认识角度；更让与会人员认识到'中国近现代新闻团体资料搜集、整理与研究'对学术界和新闻业界的非凡价值，帮助后人回望来时路，铭记新闻人职业化、专业化的进程，也为今天建立的自主自律的新闻职业共同体，具有启发和借鉴作用。"

这次研讨会是从事新闻团体研究领域国内有影响的学者最新研究成果的集中展示，本书在编撰过程中，希望将这些论文悉数收录。但受到各种因素的影响，尹韵公、王润泽、邓绍根、王天根、张继汝、徐信华教授的论文未能收录进来，赵建国教授的论文作了更换。

  现在呈现在本书的篇章除了本人对新闻团体的研究论文之外，艾红红教授、赵建国教授、齐辉教授、聂远征教授、杨翠芳教授、何璇副教授各一篇。这些论文是具有共同兴趣的研究者对中国近现代新闻团体研究进行通力合作所做的一次尝试，是国家社科基金重大项目"中国近现代新闻团体资料搜集、整理与研究"展开研究取得的初步成果，这些成果结集在一起，也是与同行的分享。我们希望有更多的学者参与到这个具有重要意义同时目前又是小众化的研究领域中来，大家一起开掘耕耘，以期有更进一步的收获。

廖声武
2022 年 12 月

目录

CONTENTS

中国近现代新闻团体的发展及其作用……………………………廖声武 /001

清末民初报人群体意识发展背景与过程探究……………杨翠芳 张伊倩 /014

辛亥革命前武汉地区舆论宣传对武昌首义的作用………………廖声武 /031

近代江苏新闻团体的发展与反思…………………………………何 璇 /041

南京国民政府初期的上海新闻记者联合会………………………赵建国 /052

王完白与上海市无线电播音业同业公会（1934—1949）…………艾红红 /070

近代报贩群体与中国报业发行的互动………………………齐 辉 张 蒙 /088

民国时期新闻团体的新闻教育实践及成就…………………廖声武 余 玉 /102

北京大学新闻学研究会的新闻教育理念研究………………聂远征 吴思琪 /110

中国青年新闻记者学会在武汉……………………………………廖声武 /120

"青记"的创新性实践及其启示……………………………廖声武 胡 蕾 /128

中国近现代新闻团体研究的学术史梳理与反思……………廖声武 郑永涛 /139

中国近现代新闻团体的发展及其作用

廖声武[*]

中国新闻团体发端于 20 世纪初叶，此后，随着中国新闻业的发展而不断成长起来，在新闻事业发展史上，新闻团体在维护从业人员利益，反对舆论钳制，为民族独立解放鼓与呼，促进新闻业的发展等诸方面起到了重要的作用。

一、新闻团体发展及类型

随着清政府报禁的放开，报业逐步发展。新闻团体在这一传媒生态下开始酝酿。1905 年 3 月 13 日，上海《时报》发表《宜创通国报馆记者同盟会说》一文，这是我国首倡组建新闻团体的标志，"报界之知有团体，似自此始"[❶]。

不久，各种新闻团体陆续出现。新闻团体的产生与发展，是紧随时代脚步的：新闻业的发展，使行业协会产生；记者群体的扩大，催生了职业团体；新闻教育的发展，带来了学术研究团体的出现。在清末民国初年，中国主要新闻团体发展的大致脉络和类型如下。

（一）行业和职业团体

中国新闻团体首先出现的是行业团体，随着行业发展壮大，从业人员的增

---

[*] 廖声武，湖北大学新闻传播学院教授、博士生导师。

[❶] 戈公振.中国报学史［M］.北京：生活·读书·新知三联书店，2011：257.

多，从业人员自我意识的增强，开始出现职业团体。行业团体和职业团体有全国性团体和地方性团体，还有少数国际性团体。

1. 地方性团体

1906年7月1日，天津报馆俱乐部成立，其后上海日报公会成立，这是我国最早的新闻团体。随后两年间，武汉、北京、广州等报业相对发达的城市开始筹建同业组织：1906年10月，汉口报界总发行所成立；1907年3月，北京报界也开始组建新闻团体，"北京报界日渐发达，然每不免有互相攻击之处，开北报馆主人廷部郎拟发公启，遍约北京报界诸志士，互商联合之法"❶。1907年年底，广州报界公会正式成立；1908年，北京报界公会成立。

1911年，辛亥革命爆发，报业摆脱禁锢，蓬勃发展，新闻团体也迎来大发展的契机。1912年，四川成都成立了四川报界公会，同年成立的有贵州报界同盟会、天津报界联合会、武汉报界联合会、武汉报界联合会汉口事务所、湖南报界联合会。11月，北京同盟会系统的报馆组建国民党新闻团，以统一步调，进行宣传。与之针锋相对，1913年3月十几家非国民党系统的报馆成立了北京报界同志会。

1914年12月，北京新闻记者俱乐部成立，这是我国第一个以记者为主体和基本单位的团体。1916年8月，武昌各报馆记者联合组织新闻记者俱乐部。1917年2月13日，江西日报公会成立。1917年5月，上海报界俱乐部成立。1918年12月北京报界联合会成立。1919年8月6日，四川新闻团成立。

1921年11月，上海新闻记者联欢会成立。1922年10月，北京言论自由期成会成立。1923年12月，哈尔滨中国记者联欢会成立，1926年6月，哈尔滨报界公会成立，取代哈尔滨中国记者联欢会。同年，成都新闻记者联合会（1927年5月更名为成都新闻记者协会）、长沙新闻记者联合会成立。1927年，上海日报记者公会、上海通讯社记者公会、武汉新闻记者联合会、湖南新闻记者联合会成立。1929年2月广东新闻记者总会成立，这年秋天，青岛新闻记者公会成立。1930年，辽宁记者联合会、济南报界联合会、抚顺记者联合会

---

❶ 报界团体 [N]. 大公报，1907-3-29.

成立，1931年，开封记者联合会、绥远新闻记者联合会成立。

2. 全国性团体

1910年9月，中国报界俱进会在上海成立，全国20个地区42家报馆参加成立大会。❶ 这是第一个全国性报界团体组织。

1919年年初，广州报界公会致电上海日报公会倡议协同组建全国报界联合会，上海报界对此极为赞同，于是，两会联手开始筹建，4月15日，全国报界联合会正式成立。入会的有来自全国的83家报馆。

1932年3月20日，在中国新闻学研究会的基础上，中国左翼记者联盟（简称"记联"）成立。1938年3月，中国青年新闻记者学会在武汉成立。

3. 国际新闻团体

1912年11月，北京中日记者俱乐部开始筹建，1913年2月23日，北京中日记者俱乐部召开成立大会，到会代表40多人，另有多名中日政要出席。❷ 这是我国有代表性的国际性新闻团体。此前，1913年1月19日，东三省中日记者大会在长春成立。

1918年6月，《巴黎时报》驻北京记者蒂博斯发起中国报界与旅欧美记者的第一个报界团体——中法新闻记者联合会；时隔不久，中外记者联合会成立。1919年2月，万国俱乐部在北京召开成立大会，60余位中外新闻记者出席。❸

(二) 学术团体

1918年10月，北京大学新闻学研究会成立，这是中国第一个新闻学术研究团体。

---

❶ 报界俱进大会纪事[N].申报，1910-9-7，转引自赵建国.分解与重构：清季民初的报界团体[M].北京：生活·读书·新知三联书店，2008：103.

❷ 赵建国.分解与重构：清季民初的报界团体[M].北京：生活·读书·新知三联书店，2008：212.

❸ 万国记者俱乐部成立[N].盛京时报，1919-2-19，转引自赵建国.分解与重构：清季民初的报界团体[M].北京：生活·读书·新知三联书店，2008：286.

1922年2月，北京大学新闻记者同志会成立。1923年，北京平民大学新闻系成立新闻学会。1925年11月，由戈公振发起，上海地区高校报学系联合创办的上海报学社成立。1926年6月，密苏里大学新闻学院同学会上海分会成立，这是留学回国人员组成的新闻学术团体。1927年1月1日，北京新闻学会成立。1927年3月，天津新闻学研究会成立。

1929年9月，由复旦大学新闻系学生倡议组织的复旦大学新闻学会成立。这是中国高校中第一个全校性的新闻学术研究团体。1929年，杭州新闻界成立中国报学社杭州社。1930年，燕京大学新闻学系新闻学会成立。1931年10月，中国新闻学研究会在上海成立，中国新闻学研究会的成立，为中国左翼新闻记者联盟（"记联"）的成立作了思想和理论上的准备。1933年5月，北平民国学院成立新闻学会，"专以研究新闻学术为目的"。1933—1934年，上海记者座谈会建立，出版有《记者座谈》。1935年6月，南京新闻界成立南京新闻学会，出席大会的有36人。1936年元旦，平津新闻学会在北京成立。1937年7月，浙江战时新闻学会在绍兴成立，后迁至金华。

1941年3月，中国新闻学会在国民党中宣部的指导下在重庆成立。

二、新闻团体的对中国新闻事业的作用

（一）团结同仁，互帮互助

中国新闻团体的产生受到其他行业公会的成立的影响。进入20世纪，中国各地商业会社、工业会社相继建立，这些行业团体在促进商业发展、提高商人群体的社会地位等方面所取得的成效，对报界有较大的启发。❶ 于是新闻界开始酝酿成立行业公会。通过团体成员之间互通声气、互帮互助，"可得互相长益之助，可得互助之力，可得互相交通之乐"❷，以保护同业利益。如1906年10月成立的湖北第一家新闻团体"汉口报界总发行所"将自己的宗旨

---

❶ 赵建国. 分解与重构：清季民初的报界团体［M］. 北京：生活·读书·新知三联书店 2008：48-49.

❷ 戈公振. 中国报学史［M］. 北京：生活·读书·新知三联书店，2011：277.

确定为"以'互助'为主旨",这一团体每三五日聚会一次,负责联合发行,统一告白价码,催缴报费等事务。❶1908年成立的北京报界公会也是"以固团体,通消息为宗旨"❷。

新闻团体十分重视对新闻工作者个人正当权益的保护。1930年6月,上海国民新闻社记者张似旭被公安局拘捕,上海新闻记者联合会召开执委会紧急会议,戈公振向会议报告,张似旭被拘捕后,已转押到警备司令部。张似旭不是新闻记者联合会的会员,但本着同业之谊,该会决定设法救援,会议决定派出两名会员代表上海新闻记者联合会前去警备司令部拜会熊式辉,调查真相。

1931年10月,上海《时事新报》无端解雇编辑记者十余人,遭到报社同仁反对,上海新闻记者联合会得到消息,立刻召开会员大会予以声援,在各方压力下,报纸被迫撤销了作出的决定。❸

(二)抗争当局的言论禁锢

新闻团体从开始就注意与政府和社会组织的适当区隔,保持自己的独立性。如,上海日报公会在自己的章程总纲中宣称:"本会为独立机关"。公会拒绝接受津贴,经费由与会报馆分摊,力保经济独立,为自由言论提供保障。❹事实上,新闻团体在抗争当局禁锢言论,争取新闻自由方面的努力是值得称道的。

1. 对制度的抗争

为维护没落的统治,约束日益失控的社会舆论,清朝政府1906年7月颁发《大清印刷物专律》,不久又颁布《报章应守规则》,规定报章"不得诋毁宫廷、不得妄议朝政、不得妨碍治安……"这些严酷报律颁行后随即引起报界大哗。1907年,清朝政府颁行《报馆暂行条规》,1908年又颁布《大清报律》,

---

❶ 刘望龄.黑血·金鼓——辛亥前后湖北报刊史事长编[M].武汉:湖北教育出版社,1991:106-107.

❷ 赵建国.分解与重构:清季民初的报界团体[M].北京:生活·读书·新知三联书店,2008:60.

❸ 段勃.上海新闻记者联合会与《记者周报》[J].传媒观察 2010-09.

❹ 赵建国.分解与重构:清季民初的报界团体[M]北京:生活·读书·新知三联书店,2008:58.

规定"诋毁宫廷之语、淆乱政体之语、扰害公安之语、败坏风俗之语"不得揭载。这为压制报界言论自由提供了借口。

新闻团体在抵制报律中发挥了积极作用,北京报界公会表现尤为突出。报界公会以陈情书、写信和发表新闻等多种形式,造势施压清廷,指责报律及修正案"制限太严、非斟酌剔除、碍难遵守"。正是因为新闻团体的持续反对,声势浩大,联合起来的力量远远大于个别报馆,使《大清报律》难以实施,清廷不得不一再修订。

1912年3月2日,南京临时政府内务部出台《暂行报律》,与报界约法三章。报律以电文形式发至位于上海的中国报界俱进会,并令其转饬全国报馆遵照执行。《暂行报律》立即遭到新闻界的普遍反对。中国报界俱进会联袂上海的《申报》《新闻报》《时报》《神州日报》等报刊致电孙中山并通电全国表示抵制。1912年3月9日,临时大总统孙中山复电中国报界俱进会及各报馆,宣布《暂行报律》无效,该报律颁布一周后旋即夭折。受此影响,湖南、四川两地也将擅自颁发的类似律令悄悄撤销了。❶

1912年4月至1916年6月是袁世凯当政时期,新闻业受到空前的打压。为巩固其统治地位,加强了对报业的全面管理,1914年4月2日,袁世凯颁布了《报纸条例》。条例一出,北京报界同志会就进行了坚决的抵制。《报纸条例》颁布的当天,北京报界同志会就召开报界会议,商议对策。此后几个月里,报界同志会采取递交呈请书、请愿书、派代表游说、报馆联名上书的形式,为争取新闻言论自由与袁世凯当局抗争。

袁世凯死后,新闻业积极争取新闻出版自由。1916年6月20日,上海日报公会电请交通部将袁世凯政府停止邮递的各报纸解禁,同年9月,重庆报界俱进会向当地主管机关呈请,要求批准因反对帝制而被关闭的重庆三家报纸《新中华》《国民报》《正论日报》复刊。1921年6月,中华全国报界联合会召开第三届大会,大会致函国务院并通告全国同业,宣布1914年袁世凯执政时

---

❶ 方汉奇. 中国新闻事业通史(第一卷)[M]. 北京:中国人民大学出版社,1992:1012-1013.

期和 1919 年颁行的两项法律和两个条例无效。❶

"五四"运动前后，新闻团体自由意识大为提高，新闻团体从多层面、多角度来维护报界言论自由。如上海新闻记者联欢会（1921）、北京的北京言论自由期成会（1922）、全国报界联合会（1919）、万国报界俱乐部（1919）等，这些专业团体勇于跟钳制言论自由行为作斗争，努力拓展言论自由空间。北京言论自由期成会直接用"言论自由"为会名，团体态度鲜明确定。1925 年 11 月由戈公振发起几所大学联合创办的上海报学社，该团体出版的会刊《言论自由》，直截了当地为当时新闻界的言论自由鼓与呼。

新闻团体的言论自由意识开始走向自觉还有一个重要表征，就是一些专业性团体以宗旨、章程或决议案的形式来自觉维护言论自由，抵制言论压制。全国报界联合会于 1919 年 4 月召开成立大会，讨论了会章，通过了六项重要议案，其中就有"维护言论自由案"；1920 年 5 月召开第二次常会，通过了十四项重要决议案，其中第三项决议是："请愿国会以绝对自由保障言论出版条文加入宪法案"。该会还通过了共计二十条的会议章程，在第三条提到该会的宗旨和目的时，显赫地写着"保持言论自由，联合人类情谊"，充分说明该会一贯重视言论自由的自觉意识。❷ 1922 年 10 月成立的北京言论自由期成会，大会确定其宗旨为，"向国会请援，废止《出版法》，亦别定保护言论自由条例，实现言论自由"❸。

1925 年"五卅运动"期间，上海《东方杂志》出版《五卅临时增刊》，公共租界巡捕房以有碍租界治安为由，拘捕了商务印书馆负责人王云五、发行人郭梅生，判处罚款。事件发生后，上海日报公会、上海书报联合会、上海书业商会、上海书业公所举行联席会议，上书北京政府，一致要求废除钳制言论出版自由的《出版法》，指出："共和国家，人民有集会、结社、言论、出版之自

---

❶ 王润泽. 北洋政府时期的新闻业及其现代化（1916—1928）[M]. 北京：中国人民大学出版社，2010：359-360.

❷ 戈公振. 中国报学史[M]. 北京：生活·读书·新知三联书店，2011：261-263.

❸ 王润泽. 北洋政府时期的新闻业及其现代化（1916—1928）[M]. 北京：中国人民大学出版社，2010：364.

由"，要求北京政府"尊重人民自由，即日通令废止"。这次上海报界团体的抵制行为在全国引起极大震动，最终北京政府不得不于1926年1月在国务会议上通过决议，废止了《出版法》❶，这是全国新闻界和新闻团体争取言论自由的胜利。

2. 为支持和援助媒体与记者，直接与当局对抗

1911年辛亥革命前夕，《大江报》发表《大乱者，救中国之妙药也》，被当局查封，经理詹大悲被捕，汉口各报集体援助《大江报》，国内报纸大量报道这一事件。汉口报界公会在文艺俱乐部召开会议，请主编何海鸣报告情况，商讨对策。各报馆认为："今忽加之以淆乱政体，扰害治安之罪名，似此情形，将来官场得以任便挟制报馆。"如当局"不秉公办理，将来一律托挂洋旗以期抵制"❷。抗争尽管没有成功，对清政府的统治造成的影响却是巨大的。

1918年6月24日，广东省《民主报》主笔陈耿夫被该省督军枪杀，25日，广东报业全体同业在广州报界公会举行集会，抗议当局压制舆论，妄杀无辜。会议作出决议：报界全体26日停报一天，以致悼念；请援国会和省会，要求申冤；嗣后关于督军署文件，概不刊登；通电中外报界全体，讨论维持办法。❸

1919年5月23日，北京《益世报》因为转载一份山东第五师官兵反对出卖山东的通电被当局封闭，总编辑潘智远等人被逮捕，并以妨害治安罪、侮辱官吏罪等罪名被判处有期徒刑。针对这一事件，1919年2月成立的万国报界俱乐部积极维护报纸的言论自由权，上呈总统和国务院，对政府袭用前清旧法摧残报纸提出严厉批评："中国既为共和政体，应实行自由法律，如此钳制报纸，实与进步思想不符。"并提出四项建议，以保护报纸言论自由。

"九一八"事变发生后，江苏镇江《江声日报》对国民党"攘外必先安内"

---

❶ 方汉奇. 中国新闻事业通史（第2卷）[M]. 北京：中国人民大学出版社，1992：216.
❷ 刘望龄. 黑血·金鼓——辛亥前后湖北报刊史事长编[M]. 武汉：湖北教育出版社，1991：238-239.
❸ 王润泽. 北洋政府时期的新闻业及其现代化（1916—1928）[M]. 北京：中国人民大学出版社，2010：359.

的政策不满,发表一些抗战小说和描写农民极端贫困状况的文章,江苏省政府主席顾祝同看后大为光火,指责报纸"宣传共产""鼓吹阶级斗争",下令于1932年7月26人查封报纸、逮捕该报经理刘煜生。

《江声日报》被查封、刘煜生被捕的消息传出后,社会震惊。南京新闻记者公会连夜召开紧急会议,决定派代表到镇江了解事件真相,并向顾祝同提出抗议。镇江新闻记者公会也配合行动。顾祝同不顾民意,以莫须有罪名将刘煜生处以死刑。

顾祝同非法残杀刘煜生消息传出后,镇江、无锡、常州等地新闻记者公会召开紧急会员大会,声讨顾祝同,1933年2月1日上海新闻记者公会召开临时会议,做出决议,要求南京政府查办顾祝同,公会设立刘煜生案专门委员会,起草了《上海市新闻记者公会呈请中央撤惩顾祝同》的通电。要求将其撤职归案,"以维法纪,以重人权"❶。2月18日上海新闻记者公会又召开新闻记者大会,声讨顾祝同的罪行,并通过《上海市全体新闻记者为刘煜生案联合宣言》,在宣言上签字的记者达二百多人。南京新闻记者公会也连续召开会议,商议声讨顾祝同罪行的办法。北京新闻记者公会举行追悼刘煜生大会,声讨顾祝同罪行。天津、武汉、广州、太原、杭州、汕头等地新闻界都举行集会,强烈要求严惩顾祝同,保障记者人身安全和言论出版自由。这一事件最终促成了中国记者节的诞生。

三、推动新闻教育,促进新闻学术研究开展❷

(一)新闻团体首倡开设新闻教育

在中国,最早倡议开设新闻教育的不是政府,也不是学校等机构,而是新闻团体,即1910年成立的中国报界俱进会。中国报界俱进会在1912年6月4日上海召开特别大会,会议通过了七条重要决议案,其中第四条决议案是"设

---

❶ 马光仁.刘煜生事件与记者节[J].新闻与传播研究,1991(2).
❷ 廖声武,余玉.民国时期新闻团体的新闻教育实践及成就[J].湖北大学学报,2014(5).

立新闻学校案"。这是中国新闻史上倡导兴办新闻教育的"第一声"。

此后成立的一些报业团体都有开设新闻教育的倡议。1919 年 4 月 15 日成立的全国报界联合会,是民国时期成立的第一个全国性新闻团体。次年,该团体在广州召开第二次大会通过的重要决议案共达十四项,其中第十项为"筹建新闻大学案",并通过了"新闻大学组织大纲"。虽然该新闻团体在一年后便宣告解散,通过的决议案也未来得及实施,但这一倡议对中国后来新闻教育的发展是大有裨益的。1941 年,在国民党中央宣传部指导下成立的中国新闻学会在其成立大会上的提案中也将"建议教育部于国立大学添设新闻学系,确立新闻学系课程"作为重要提案的第一条。

(二)新闻团体开启新闻教育端绪

1918 年成立的新闻团体北京大学新闻学研究会是我国第一个系统讲授新闻学课程的团体,也是我国将新闻作为大学的一门学科进行研究的肇始者。北京大学新闻学研究会在早期新闻教育方面做了有益探索和实践。作为新闻团体,它的教学不像正规大学那样在课程设置、教学安排和实践操作诸方面有板有眼,但它满足新闻界之需,培养了大量应时人才,为我国日后新闻教育方针的确立奠定了基础。

自北京大学新闻学研究会讲授新闻学之后,上海、北京、厦门等城市许多大学相继开设新闻系或报学系,这些大学对新闻人才的培养成就甚大。而依托大学成立的新闻团体、学会、协会等组织,它们充分利用大学的新闻教育资源,在培养人才方面,其贡献也可圈可点。

(三)新闻团体促进了新闻学术研究的开展

北京大学新闻学研究会造就了我国第一批新闻学专家。徐宝璜、邵飘萍两位导师在讲课之余,从事新闻学研究。徐宝璜 1919 年出版的《新闻学》是我国最早的新闻学专著,被奉为我国新闻界的"破天荒"之作,对我国新闻学研究影响深远;邵飘萍的《实际应用新闻学》,注重新闻实践层面的思考,是我国早期难得的指导新闻实践的专著。

1931年10月，中国新闻学研究会成立，这是一个研究无产阶级新闻学的新闻学术社团，由瞿秋白领导，初期会员40余人。该研究会在成立宣言中提出了建立社会主义新闻学的构想："新闻之发生，是依据于社会生活的需要；社会生活的整体，是基于被压迫的广大的万万千千的社会群众。所以我们除了致力新闻学之科学的技术的研究外，我们更将全力致力于以社会主义为根据的科学的新闻学之理论的阐扬。"

该研究会在新闻学研究方面做了一些有益的尝试。它的新闻学观点主要有：新闻的发生是依据社会生活的需要；新闻价值应以最大多数读者的喜爱与否而确定，新闻工作者也必须以最大多数人的利弊为依归；在资本主义社会中，所谓新闻事业已成为某些阶级压迫、麻醉、欺骗另一阶级的工具，所以必须予以无情的揭发，从而建立依于大众利益的新闻事业；主张新闻大众化。❶

抗战时期一些新闻学研究者在战火中仍坚持学术研究，据不完全统计，1937—1945年出版的新闻学著作近70种❷，其中就有新闻团体出版的著作，如"青记"编的《战时新闻工作入门》（生活书店出版）就很有影响，是战时新闻学的代表作。该书由邵力子、张继鸾、范长江、成舍我、邹韬奋等有影响的新闻工作者集体创作而成，内容包括"战时新闻工作的理论与实践""战时新闻记者的修养与学习"等内容，是不可多得的研究成果。

一些新闻团体除了出版新闻学著作外，还创办了新闻学刊物，繁荣了我国新闻学术研究。北京大学新闻学研究会出版的《新闻周刊》，是我国最早传播新闻学知识的业务刊物；上海报学社出版的会刊《言论自由》，探讨新闻自由学理和争取新闻自由的实践问题；"青记"出版了学会的机关刊物《新闻记者》月刊，设法充实刊物内容，探讨新闻学术，使其发挥新闻教育和新闻学术的双重作用。

---

❶ 段勃.民国时期新闻学术社团探析［J］.编辑之友，2011（9）.
❷ 方汉奇.中国新闻事业通史（第2卷）［M］.北京：中国人民大学出版社，1996：729.

四、团结记者为社会进步和民族解放共同奋斗

一些新闻团体，特别是中国共产党领导的新闻团体，在中华民族的重要时刻，总是站在民族国家的立场上，为社会进步和民族利益而努力奋斗。做出了自己的贡献。

1927年3月20日，武汉新闻记者联合会成立，它是由《汉口民国日报》的董必武、宛希俨等联合十八家国民党党政军及私营报社、通讯社的编辑记者发起成立的。成立之时，国民党中央党部代表詹大悲、湖北省总工会代表刘少奇等到会祝贺。大会"宣言"指出："新闻纸一方面是社会的喉舌，同时也是社会政治教育的一个重要工具，新闻记者的责任便是要能很好地活泼泼地运用这个工具，使它真正能够成为大多数贫苦民众的喉舌，而形成一种左右政治、左右社会的舆论权威。新闻记者要实现他的使命，第一个重要条件便是团结。"武汉新闻记者联合会在蒋介石背叛革命后，投入反蒋斗争、揭露蒋介石屠杀共产党人和革命群众的罪行中起到了积极作用。❶

左翼新闻记者联盟（简称"记联"）1932年3月20日成立于上海，瞿秋白、邓中夏、潘梓年参与并指导了该组织的成立。"记联"的任务主要体现在三个方面：一是争取言论和出版自由；二是批判资产阶级新闻学，建立无产阶级新闻学；三是保障新闻记者合法权益，提高其待遇。记联的成员都是新闻从业人员，他们利用公开身份，积极采写稿件，揭露国民党当局的"攘外必先安内"政策，宣传人民群众的抗日救亡运动。❷

中国青年新闻记者学会成立于抗日硝烟之中。保卫大武汉期间，"青记"工作非常紧张，一方面要加强业已建立分会的成都、长沙和广州等地的联系，推动工作的开展；另一方面又要接待各地来往武汉的记者及华侨报纸的记者，定期和不定期举行各种座谈会、讨论会，交流战时新闻工作的经验。作为当时全国性的群众团体，"青记"还参加了在武汉招待国际友人、慰问伤兵和难民

---

❶ 马光仁.武汉国民政府时期的武汉新闻界[J].新闻大学，1989（1）.
❷ 方汉奇.中国新闻事业通史（第2卷）[M].北京：中国人民大学出版社，1996：534.

以及各种庆祝、纪念和示威游行活动。❶

中国的抗战是世界反法西斯战争的一个重要组成部分，许多外国记者来到中国实地采访报道中国的抗战。美国、法国、苏联、澳大利亚等国均有多名记者来到武汉，有的外国通讯社如塔斯社还在武汉设有分社。"青记"千方百计为他们提供各种方便，会员们也常同他们一起出入战地，亲临前线，结下友谊。

武汉会战后期，战事节节失利，从前线回到汉口的战地记者越来越多，为了安置从前线回来的各报战地记者，"青记"临时在长春里租了几间房子，开办了"记者之家"。在这里，大家互相帮助，共同合作翻译电讯码，提高了工作效率，因而"记者之家"颇受记者们的欢迎。❷

"青记"创立时，会员仅几十人，到1940年11月10日，会员则猛增至1156人，各地分会达到32个。"青记"在战火纷飞中，为我国培养出了许多出色的新闻工作者，对抗战宣传发挥了巨大作用。以"青记"香港分会为例，该分会创办的中国新闻学院前后6年，培养学员300多人。"青记"的努力，为抗日战争及之后的解放战争培养出了大批的新闻工作者和其他各条战线的人才。

---

❶ 陆诒."青记"的创立和它在武汉会战前后[J].新闻研究资料（总第7辑）：39.
❷ 冯英子.在武汉的日子[J].新闻研究资料（总第7辑）：51-56.

清末民初报人群体意识发展背景与过程探究*

杨翠芳　张伊倩**

随着社会变革和国人自办报刊的发展，报人的群体意识逐渐由自发走向自觉，为新闻团体的成立提供了条件，进而推动我国近代新闻业职业化进程，报人群体意识的崛起是新闻业发展的重要节点之一。本文将透过报人群体意识的自觉，结合已有的学术成果及相关史料，着重探究社会变革与报业发展对报人群体意识由自发走向自觉的推动作用，梳理报人群体意识的发展过程。

一、报人群体意识发展的背景

（一）社会环境：群体意识萌发的土壤

意识并非凭空出现，其产生和发展与社会环境有着密不可分的联系。相较于封建社会，晚清至民国初年有着其独有的社会背景，固有的政治、经济、文化传统被打破，危机与新生并存，各路人马相继踏上历史舞台，在历史的卷章上留下浓墨重彩的一笔。作为社会革新的重要力量，从西方来华传教士创办报刊起，我国报人就逐步从单打独斗发展为合作创办报刊，纵然没有名义上的新闻团体，但是受时代复杂多变的社会环境影响，报人自发的群体意识在逐渐萌

---

* 本文系 2022 年湖北大学研究生"课程思政"示范课程《新闻传播史》建设项目、2022 年湖北大学校级教研项目、湖北高校省级教研项目"新文科背景下湖北地方高校新闻传播专业课程思政的资源挖掘与路径创新"的阶段性研究成果。

** 杨翠芳，湖北大学新闻传播学院教授；张伊倩，湖北大学新闻传播学院 2021 级研究生。

芽并一步步深化。

1. 政治变革推动群体意识萌芽

1840年，英国用舰船大炮轰开了清王朝长期紧锁的大门，第一次鸦片战争的失败和《南京条约》的签订，使中国开始沦为半殖民地半封建社会。战争以降，巨额战争费用与赔款转嫁到广大民众头上；鸦片走私、白银外流、银贵钱贱的问题愈加严重；外来商品大力冲击本土传统手工业；清政府腐败无能；水利失修、灾荒不断。❶ 诸多苦难使得痛苦的民众纷纷揭竿起义，其中最为声势浩大的当属1851年开始的太平天国运动。为了应对这场起义战争给自身带来的巨大冲击，清政府以多种奖励手段鼓励士绅团体组织团练、镇压动乱，太平天国运动后，士绅群体规模扩大，地方权力进一步落入其手，绅权上升，皇权衰落，清政府对于士人意识形态的控制减弱，形成"内轻外重"之局面，大一统的中央集权向多元化转变。❷

自上而下的封建统治开始动摇，自下而上的革新正在萌发。清王朝闭关锁国的大门被轰开，面对列强入侵、地方的起义，封建王朝衰落，新的历史变局已经到来。在清政府逐渐衰退的意识形态控制及内忧外患面前，一部分文人士大夫开始呼吁变革，目光也转向世界。其实追溯至鸦片战争前，清廷官员林则徐就敏锐地感知到外部世界，作为中国重视近代报刊的第一人，林则徐于1839年开始外报翻译工作并将译文编辑成《澳门新闻纸》，秉持"了解夷情""以夷制夷"的想法，他格外关注外国报纸上的信息，而后又组织翻译了《四洲志》。山河破碎风飘絮——再到两次鸦片战争后，面对风雨飘摇的家国，文人士大夫进一步分化，越来越多的开明官员与有识之士积极探寻救亡图存之道。作为开启民智的重要方法，19世纪70年代，早期维新思想家王韬就开始了办报活动，发表了数量极多的政论；19世纪90年代，以康有为、梁启超为代表的资产阶级维新派人士创办政治团体并进行办报活动，呼吁变法改革，19世纪90年代中期在全国范围内掀起了一次国人办报高潮。

---

❶ 余明侠.关于太平天国运动历史地位的评价问题[J].广西师范大学学报（哲学社会科学版），2002（1）：104-108.

❷ 贺跃夫.晚清士绅与中国的近代化[J].中山大学学报（社会科学版），1993（3）：75-82.

在这一阶段，政治环境在变化，一方面即使清政府对报纸多有管制，但仍挡不住文人士大夫期盼开启民智、挽救家国的急迫愿望。另一方面，由于科举制度的种种改革乃至废除，诸多传统士人开始接触新学，并以新的身份加入议政活动，报人就是其中之一。

自戊戌变法，科举制度有了大的变革，但是旧有科举的各环节却无法跟上革新的步伐，传统士人已然面临巨大的挑战。1905 年，延续了一千二百余年的科举制度被废除，作为一项"集文化、教育、政治、社会等多方面功能的基本体制"[1]，科举制的废除必然引起社会方方面面的变化，在没有及时建立新制度的情况下，传统"学而优则仕"的思想被迫改变，"读书做官"不再也不能一脉相承。废科举而兴他业，报刊从业者增多，共同的职业成为读书人聚集的基础。

总而言之，清末社会的政治变化为报界提供了大量的人力资源，当从事一种职业的人数增多，"抱团"合作就进入了可选方案清单。

2. 商人团体发展提供借鉴启发

商品经济繁荣带来商人团体发展。商品经济在古代中国繁荣已久，追溯至明，白银货币化使得明朝的商品经济快速发展。明朝白银货币化进程有两条线：一为"自下而上"——发自民间，有着广泛的社会基础；二为"自上而下"——民间发展推动朝廷对相关政策法令作出调整，"推动晚明整个社会结构和社会风尚的转变"[2]。商帮的出现便是重要标志之一，也代表着此时相关从业者已经以地域为基础进行聚集。

清朝前期，商人会馆遍布在商人数量较多的商业城市，此种会馆可"保护客籍商帮在经商地的利益"[3]，会馆摆脱官府的控制，是商人自己的组织，具有自发性，其纳入会馆的商人也十分团结。清中叶，另一种商人组织"公所"快速发展，相较于会馆，公所打破了地域概念，以同行同业为出发点，是更为明

---

[1] 罗志田. 清季科举制改革的社会影响［J］. 中国社会科学，1998（4）：185-196.
[2] 王潜. 商品经济因素与晚明社会变迁初探［D］. 郑州：郑州大学，2013.
[3] 吴慧. 会馆、公所、行会：清代商人组织演变述要［J］. 中国经济史研究，1999（3）：113-132.

确的行业组织，其"设有行规者实际已是行会性质"❶。由上可知，传统商人的群体意识便十分强烈，同业互助也是平常之事。

清末社会变革剧烈，工商业发展程度加深，贸易发展加快，商人力量增强，加之西方商会制度的传入，中国的商会接连成立。而在中国第一个商会出现前，有识之士就已意识到其重要程度，在《盛世危言》中，郑观应不仅详述"日报"，也对商会出现的原因做了阐释："昔年德国商人虽贸易有方，亦迫于关税烦苛，更迫于匪人劫掠，谋什一者无所得利，反多折耗。因而通国商人聚议立约，歃血为盟，每埠必有商会，彼此声气相联，互相保护，名曰保护会，亦名商会"❷。1899 年，梁启超于《清议报》上发表《论商业会议所之益》一文，详述商会之作用。❸1902 年，《大公报》所发《设商部宜先立商会说》与黄遵宪《日本食货志商务篇》一文，也较详细介绍了日本商会的功能与所起的实际效果。❹《清议报》与《大公报》皆是清末社会有影响力的大报，当时的报界名人已经深刻认识到近代同业团体的重要性。1904 年，清廷商部拟定并颁布《商会简明章程》，为新式商业团体的成立提供了政策依据。最初的新闻同业团体大多是报馆经理倡议成立的同业商会组织，《商会简明章程》的颁布也为新闻团体创办提供了法律依据。❺

3. 近代群体意识高涨助力报人团体

笔者在上文提到，清末民初，旧有的政治、经济、文化范式被慢慢打破，清廷权力衰落，与之相对的是朝廷之外社会各阶层的崛起，"当我们所有古老的信念正在走向崩溃、消失，当社会的古老支柱正在一个接着一个地倒塌，群体的力量是唯一一种不受任何事物威胁的力量，而且它的威望还在持续增长。我们将要步入的确实是群体的时代。"❻鸦片战争前夕，近代西方学术思想就已

---

❶ 吴慧. 会馆、公所、行会：清代商人组织演变述要[J]. 中国经济史研究，1999（3）：113-132.
❷ 郑观应. 盛世危言[M]. 郑州：中州古籍出版社，1998：300.
❸ 顾廷龙. 清议报2[M]. 北京：中华书局，1991：1323-1328.
❹ 洪振强. 近代中国对商会的早期认识述论[J]. 安徽史学，2004（2）：52-60.
❺ 何璇. 近代报界公会与公共文化空间的成长（1902—1937）[D]. 武汉：武汉大学，2017.
❻ 古斯塔夫·勒庞. 乌合之众：大众心理研究[M]. 吕莉，译. 北京：电子工业出版社，2015：IX.

逐渐向中国浸润和传播，西方列强的侵略加大了传播的速度、深度及广度，维新思想家们既有中国传统的整体、团结观念，又受到西方公共空间与群体意识的影响，于是他们深知"群体"之益，其发表的各种论说文章便能体现。

严复在《天演论》里提到"群治"，指出"故善保群者，常利于存；不善保群者，常邻于灭，此真无可如何之势也"，阐释了群体的重要性。《天演论》虽然是在1898年正式出版的，但梁启超在出版的两年前便已看到手稿，并把它拿给康有为阅览，故《天演论》在出版之前就是维新派的思想养料之一。❶后来，梁启超作《说群》来阐释维新派的"群学"主张，其中论证了组织学会的"合法"性。❷此外，康、梁二人于1895年初赴京参加会试期间，联合全国18省参加会试的1300多名举人举行了著名的"公车上书"，是年11月中旬在京师成立政治团体强学会，说明维新派人士当时就已经明确认识到"群体"在社会变革活动中的巨大作用，这种认知在潜移默化中为后续报人群体意识的逐步觉醒提供了思想助力。

（二）报业发展：群体意识深化的催化剂

报人群体意识发展很大程度上归功于报业自身的发展，中国近代报业从无到有再到颇具规模，其间经历了一个由西方来华传教士办报到国人自办报刊的发展过程，报人群体意识从萌发到深化与报业的发展过程是相辅相成的。

1. 外国人来华办报及结社开端

方汉奇先生主编的《中国新闻事业通史》中提道："中文近代报刊的历史、中国土地上近代报刊的历史，却是由外国人揭开序幕的。"❸第一批积极从事办报活动的是英国的基督教传教士，1815年，马礼逊和米怜于马六甲创办第一个中文近代报刊《察世俗每月统记传》；1833年，传教士郭士立促成中国领土上第一个中文近代报刊《东西洋考每月统记传》的出版。而后，越来越多的西方传教士踏上中国的土地，他们中间存在互相合作以达成目标的关系。1877

---

❶ 王宏斌.戊戌维新时期的"群学"[J].近代史研究，1985（2）：240-249.
❷ 王宏斌.戊戌维新时期的"群学"[J].近代史研究，1985（2）：240-249.
❸ 方汉奇.中国新闻事业通史第一卷[M].北京：中国人民大学出版社，1992：244.

年 5 月 10 日至 24 日，上海召开在华基督教传教士大会，142 名传教士代表各国在华的 19 个参会的 473 名传教士参加了大会，会中就传教士在华的办报活动作了报告和讨论。❶ 这种有组织、有目的性的办报活动从一开始就为中国报人提供了一个可模仿的样本。1887 年 11 月，广学会（初名"同文书会"）成立，一批来自不同国家、在华活动且想法基本一致的传教士，为了达到共同目的联合了起来。梁启超与广学会重要成员李提摩太有着诸多交往，其思想也多受广学会影响。故而，从中国近代新闻业的起源和早期在华办报的外国人团体发展来看，群体意识可以说是印刻在"基因"里的烙印。

2. 报人日渐提升职业认同感

早期报人地位低下，被视为"末路文人"——科举制度下，社会上的读书人大都醉心科举，只有少数文人愿意从事办报这一新生职业。❷ 在"同业人员稀少"与"社会轻视"的情形下，这一阶段的报人很难形成职业认同，"他们对所从事的职业讳莫如深，不敢以此自鸣于世"。❸ 国家内忧外患局面的加深，西方新闻思想传入中国，如王韬一般的有识之士认识到这一行业的重要性，他们向世人传达报业的重要性，并在报刊上发表诸多政论阐释自己的变法主张。"王韬等人的新闻实践和办报理念为日后国人自办报刊和报人职业认同感的形成准备了充分条件。"❹ 甲午海战中北洋水师全军覆没宣告了地主阶级洋务派的失败，资产阶级维新派高声疾呼变法图存，利用报刊进行政治宣传和民众教育，报刊规模扩大，报纸影响力扩张，报人职业认同提升。1901 年，为了维护摇摇欲坠的清王朝，朝廷开始实行"新政"，有限度地开放"报禁"与"言禁"，报业进一步发展，报人受到社会尊重并开始以"报人"身份为荣。职业认同的提高使得报人将自己从事的事业与旁者区分开来，并"意识到自我特殊的身份与价值"❺，报人的群体意识在其职业认同提高的过程中一同深化。

---

❶ 方汉奇. 中国新闻事业通史第一卷 [M]. 北京：中国人民大学出版社, 1992：342.
❷ 徐载平, 徐瑞芳. 清末四十年申报史料 [M]. 北京：新华出版社, 1988：16.
❸ 赵建国. 分解与重构：清季民初的报界团体 [M]. 北京：生活·读书·新知三联书店, 2008：23.
❹ 赵建国. 分解与重构：清季民初的报界团体 [M]. 北京：生活·读书·新知三联书店, 2008：26.
❺ 赵建国. 分解与重构：清季民初的报界团体 [M]. 北京：生活·读书·新知三联书店, 2008：37.

3. 利益诉求渴望得到保护

戊戌变法之前，外报在中国占据优势地位，从戊戌变法开始，国人自办报刊规模迅速扩大。据不完全统计，1895—1898年，全国出版的中文报刊有120种，80%左右是国人自办报刊，其中以资产阶级维新派及与它有联系的社会力量创办的报刊数量最多，影响最大。❶清末新政"报禁"与"言禁"有限度地开放后，报刊数量与报业从业人员进一步增多。在这一时期，报人群体扩大，报人地位较之前也有了提高，但是其利益却没有得到相应的保护。

上文提到，早期报人社会地位较低，随着几十年来国人自办报刊的发展，报人的地位随之提高，但受清末复杂的社会形势、清廷对报刊的严苛管理等种种因素的影响，报人的活动多有限制，受迫害现象时有发生，甚至也会有生命危险。1903年7月31日，记者沈荩在狱中被杖毙，一时间舆论哗然，各大报刊相继发表文章对此进行评论；同年，"苏报案"引起报界的极大关注。迫害报人的行为促使报界团结起来进行声讨与反抗，进一步促使报人群体意识发展深化。

（三）文人结社：群体意识形成的渊源

张季鸾在《本社同人的声明》中写道："中国报原则上是'文人论政'的机关，不是实业机关。这一点可以说是中国落后，但也可以说是特长。"

从中国古代历史看，文人之间的交往结社由来已久。中国的文人群体最早可以追溯到《诗经》，其中的"我有嘉宾，鼓瑟吹笙"，描写的是文人群体宴集的场景；汉代，分别以淮南王刘安、梁孝王刘武为中心的，具有文学意义的较早的文人群体开始出现；魏晋时期，建安七子、竹林七贤闻名于天下，这一时期多门阀世家，世家大族掌握着文学的话语权并代代相传，以谢安家族为代表的家族集会与后世家族内的结社有着密切关联。❷隋唐至明清，科举取士是读书人的毕生梦想，文人结社也进入一个新阶段，读书人考取功名后"根据同乡、

---

❶ 方汉奇.中国新闻事业通史（第一卷）[M].北京：中国人民大学出版社，1992：539.
❷ 王文荣.明清江南文人结社研究[D].苏州：苏州大学，2009.

同年、同门等社会关系结为门户、互相扶持，形成盘根错节的官僚集团"❶。

虽然早期报人属于社会边缘人物，对自己的职业讳莫如深，但是随着报人社会地位与职业认同的提高，这种"文人结社"的传统还是影响着那些希望以文章来报国的文人。

二、自发阶段群体意识的发展情况

此时的报人开始仔细剖析所从事的工作，社会上也逐渐对其有了固定的称谓，虽然还没有有意识地呼吁组建新闻团体，但处于自发阶段的群体意识已经有了加速发展的趋势。

（一）职业认知愈加深刻

太平天国后期（1859年），洪仁玕提出"关于创设新闻馆和各省新闻官的建议"❷。洪仁玕曾在香港学习研究资本主义社会的政治制度与思想文化，并思索解决中国社会问题的方法，这成为其著作《资政新篇》的主要思想来源。❸ 洪仁玕认为，"报纸是维系中央政权、加强太平天国集权统一领导的工具；报纸是实现民主政治的手段；报纸有教育民众、移风易俗的作用，可以改变社会风气；报纸有监察政治的作用，其中包含着对地方政权机关和官吏进行监督的责任，以利加强中央政府的权力"❹。除上述观点外，他还在《资政新篇》中谈到报纸的文风问题。洪仁玕于太平天国时期提出的有关新闻的一系列认知尽管与当时中国的社会发展不相适应，但是具有一定的进步意义。香港《循环日报》是我国第一批自办报刊中历史最为悠久、影响力最大的刊物，其主笔王韬也是我国近代报刊中有名的报人。王韬在《论日报渐行于中土》中介绍报纸在中国的分布情况，认为主笔之人"不可不慎加遴选"，须是"通才""君子"，

---

❶ 何璇.近代报界公会与公共文化空间的成长（1902—1937）[D].武汉：武汉大学，2017.
❷ 方汉奇.中国新闻事业通史（第一卷）[M].北京：中国人民大学出版社，1992：461.
❸ 方汉奇.中国新闻事业通史（第一卷）[M].北京：中国人民大学出版社，1992：461.
❹ 方汉奇.中国新闻事业通史（第一卷）[M].北京：中国人民大学出版社，1992：462-464.

对新闻工作者提出了明确要求。❶郑观应在《盛世危言》中谈道，日报"自有日报，足不逾户庭，而周知天下之事。一旦假我斧柯，不致毫无把握，此有功于学业也。其余有益于国计民情，边防商务者，更仆数之未易终也"❷。梁启超于《论报馆有益于国事》中论述报刊功能，认为：报馆可"去塞求通"，并且具有"导端"作用；报纸具有"耳目喉舌"之用，要"广译五洲近事""详录各省新政""博搜交涉要案""旁载政治、学艺要书"❸；报馆要利用传播功能，使其成为沟通内外消息、从上到下传达维新变法思想的有力工具。❹谭嗣同在《报章文体说》中将天下文章体例"区体为十，扩以三类"，又论"报章，则其体裁之博硕，纲领之荟萃"，"可以具此三类十体"，大力鼓吹报章之地位。❺

笔者认为，上述"新闻馆""日报""报馆""报章"等词归根到底皆指向"新闻业"，这些新闻思想涉及其重要性、功能、地位，以及对从业者的要求，已经对新闻业有了大致的概述，即使没有明确将其行业化，"秉笔之人"等词也显示出一定的群体意识。1901年，《清议报》刊载梁启超文章《本馆第一百册祝辞并论报馆之责任及本馆之经历》❻，其中"清议报之事业虽小，而报馆之事业则非小""其从事于报馆事业者""中国各报馆万岁"等言语已经明显具有群体意识，第一百册新设的"报界一斑"❼栏目也明确地将新闻业与其他行业进行划分。1902年，梁启超所发文章《敬告我同业诸君》中"同业"一词表明其作为报人的群体意识已经接近自觉阶段。梁启超作为清末民初的言论界之骄子，具有较大的影响力与号召力，他的告白会在很大程度上对当时的报界报人产生影响。

---

❶ 王韬. 弢园文录外编[M]. 上海：上海书店出版社，2002：171-172.
❷ 郑观应. 盛世危言[M]. 郑州：中州古籍出版社，1998：113-118.
❸ 顾廷龙. 强学报·时务报1[M]. 北京：中华书局，1991：3-6.
❹ 方汉奇. 中国新闻事业通史（第一卷）[M]. 北京：中国人民大学出版社，1992：560.
❺ 顾廷龙. 强学报·时务报3[M]. 北京：中华书局，1991：1988-1990，2053.
❻ 顾廷龙. 清议报6[M]. 北京：中华书局，1991：6189-6203.
❼ 顾廷龙. 清议报6[M]. 北京：中华书局，1991：6391-6400.

（二）职业称谓渐趋固定

报人潜藏的群体意识其实早就可见端倪。1872年《申报》在上海创刊后，原上海报界龙头《上海新报》发表了祝贺其出版的文章，其中写道："本馆主人得阅《申报》，窃幸同志有人，初次颁发，观者甚伙。尤望日新月盛，四海流传，洵盛事也。"❶"同志"为志同道合之人，新文化运动时期，"同人办报"指志趣相投的人一起办报，但是在《上海新报》与《申报》皆为商业性报纸、后期两者间还有激烈竞争的情况下，笔者认为，祝辞中的"同志"不仅有"志同道合"之义，也暗含着"从事于同种行业"的意思。

更为明显的例子是关于"记者"称谓的演变与固定。1875年7月5日，《申报》在第一版发表《延友访事告白》："本馆兹欲延一抄录案件及采访新闻之友，必须学识兼长，通达世务，并植品端方，实事求是者方于本馆有益。其薪金自当从丰酌送。如有能胜任愿于承办者，祈即来本馆面议可也。"❷这篇文章虽短，但是涉及招聘对象、招聘要求、薪金及面试方式，是一则要素齐全的招聘启事，说明1875年，报界已将"抄录案件及采访新闻"与编辑工作分开，并且对这种专业人员存在需求。此时这种从事采写新闻报道的专业人员有着访友、访员、友人等还未统一的称谓；1902年2月，《新民丛报》创刊后，开始逐渐采用"记者"一词，主要指文章作者和编者；1903年，随着留日学生的不断归国，国内报刊开始纷纷采用"记者"和"新闻记者"一词。❸称谓的固定反映出两件事实：第一，从业人数增多，我国新闻业已经发展到一定程度；第二，此时社会与报界已将"记者"看作一种职业，那么记者们或多或少都带有一定的群体意识。

---

❶ 徐载平，徐瑞芳．清末四十年申报史料［M］．北京：新华出版社，1988：85-86.

❷ 延友访事告白［N］．申报（上海书店影印），1875-7-5（1）．

❸ 邓绍根．"记者"一词在中国的源流演变历史［J］．新闻与传播研究，2008（1）：37-46+95.

三、自觉阶段与新闻团体的成立

1905年3月,上海《时报》发表文章《宜创通国报馆记者同盟会说》,提出组建全国性的记者同盟会,开始有目的性地呼吁建设新闻团体,说明当时报界部分报人的群体意识已经处于自觉阶段。该文章发表后引发积极讨论,除上海本地外,天津、武汉、北京等地报界陆续发出组建团体的呼声。❶

报人群体意识的不断发展直至进入自觉阶段为新闻团体的成立做了思想上、组织上、队伍上的准备,新闻团体的接连成立则表明处于这一阶段的群体意识仍在深化和扩大,进而促进报业的发展与报人职业意识的深化,而两者又会反过来成为新闻团体的助推器。

(一)新闻团体的成立

1.地方性新闻团体

1906年6月27日,《大公报》创始人英敛之联合《北洋日报》《天津日日新闻》等报馆发行人,发表《告天津各报大主笔》一文,倡议组建同业组织。次月一日,天津报馆俱乐部举行第一次集会,宣布正式成立,组建同业组织不再是"纸上文字",已经落实到实际行动中。同年,上海的新闻团体上海日报公会成立❷,三年后,上海日报公会会章问世,会章分为"总纲""办法""经济""集会""权限""要则"六个部分,对该公会的性质、活动、成员权益等方面做了规定,以"总纲"部分为例,写道:本公会为《上海日报》所组织,故定名曰上海日报工会;以互联情谊,共谋进行为主旨,与各馆内部无涉;系独立机关,应共同订立会章,并办事细则,以定方针而资遵守;愿入本公会各报馆,应缴入会费及月费,其数目由细章规定。❸会章的出现体现了上海日报公会的组织性与纪律性。1906年10月,武汉地区的新闻团体汉口报界总发行所成立;1907年年底,广州地区广州报界公会正式成立;1908年,北京报界

---

❶ 赵建国.分解与重构:清季民初的报界团体[M].北京:生活·读书·新知三联书店,2008:50.
❷ 赵建国.分解与重构:清季民初的报界团体[M].北京:生活·读书·新知三联书店,2008:56.
❸ 戈公振.中国报学史[M].北京:中国文史出版社,2015:278.

公会成立。

2. 全国性新闻团体

1910 年，由上海《时报》《神州日报》发起，得到《申报》《中外日报》《舆论时事报》等多家报馆之赞同的"中国报界俱进会"于南京成立，该团体有章程十六条，明确提出"本会由中国人自办之报馆组织而成"，"本会以结合群力、联络声气、督促报界之进步为宗旨"❶。

"欧战结束，南北息兵，世界与国内和平问题，关系国家存亡，人民利害。全国新闻界应不分畛域，泯除党见，研究正议，一致主张。"❷1919 年，由广州《七十二行商报》与《新民国报》所提议建立的"全国报界联合会"成立，相较于中国报界俱进会，其宗旨及目的更为明确：为谋世界及国家社会之和平的进步，得征集全国言论界多数之共同意见，以定舆论趋向；保持言论自由，联合人类情谊，企图营业利便，以谋新闻事业之进步。❸

3. 新闻教育与研究团体

中国新闻教育的源头可以追溯至 1910 年成立的中国报界俱进会，在 1912 年 6 月 4 日上海召开的特别大会上，会议通过了七条重要决议案，其中就有"设立新闻学校案"。❹1918 年，中国第一个新闻学术团体北京大学新闻学研究会成立。"该新闻团体是我国第一个系统讲授新闻学课程的团体。也是我国将新闻作为大学的一门学科进行研究的肇始者，中国新闻教育的航轮从此扬帆起航"❺。此后，依托大学成立的上海报学社、复旦大学新闻学会等新闻教育团体相继成立。而在北大新闻学研究会讲授新闻学后，上海、北京等城市的诸多大学陆续开设新闻系或报学系，培养了大量的新闻人才。

北京大学新闻学研究会以"研究新闻学理，增长新闻经验，以谋新闻事业

---

❶ 戈公振. 中国报学史 [M]. 北京：中国文史出版社，2015：266.
❷ 戈公振. 中国报学史 [M]. 北京：中国文史出版社，2015：268.
❸ 戈公振. 中国报学史 [M]. 北京：中国文史出版社，2015：270.
❹ 廖声武，余玉. 民国时期新闻团体的新闻教育实践及成就 [J]. 湖北大学学报（哲学社会科学版），2014，41（5）：118-121.
❺ 廖声武，余玉. 民国时期新闻团体的新闻教育实践及成就 [J]. 湖北大学学报（哲学社会科学版），2014，41（5）：118-121.

之发展"为宗旨，北京大学校长蔡元培兼任会长，徐宝璜任副会长并与著名报人邵飘萍同为导师。该研究会出版的《新闻周刊》是我国第一个新闻学研究刊物，徐宝璜所著的《新闻学》也是中国学者撰写的第一本新闻学专著，《新闻学》与邵飘萍所著的《实际应用新闻学》一道开启了从新闻理论到新闻实践的深入研究，具有里程碑意义。总而言之，北京大学新闻学研究会为我国新闻学教育和研究的发展做出了具有历史性与开拓性的贡献。

（二）报业的曲折发展

自 1906 年第一个报界新闻团体诞生后，报人的群体意识大大增强，之后又受到当时报业发展与政局动荡的极大影响。

1912 年 3 月 2 日，《民国暂行报律》出世。此时民国初立，《中华民国临时约法》尚未颁布，其他法规也多未制定，由部级单位制颁的《民国暂行报律》有越权与草率之嫌，加之其内容罪与非罪的界限及量刑含糊不清，极易被误解和滥用，故该报律遭到当时新闻界的普遍反对。4 日后，中国报界俱进会联合《申报》《神州日报》等报刊致电时任中华民国临时大总统的孙中山并通电全国各埠表示抵制。作为资产阶级革命派代表人物的孙中山得知此事，于 3 月 9 日明令撤销《民国暂行报律》。这就是民国成立之初的"暂行报律"事件。在该事件中，孙中山的态度表明，在民国初期，言论出版自由是其与南京临时政府一致恪守的原则。❶ 在这种环境下，报业进入了一个快速发展期。

早在维新变法时期，报界就迎来一次办报高潮，据有创办时间记载的 397 种报刊统计，1898 年商办报刊增长达 26 种。❷ 民国成立初期，中国近代报业再次迎来短暂繁荣，据统计，民国元年间，全国报纸陡增至 500 家，总销量达 4200 万份，均突破了历史最高纪录。❸ 报纸数量的陡增说明相关从业人员的数量急速增加，而此时的报业繁荣发展也使得报馆和报人的社会地位大大提高，从而推动报人群体意识的进一步自觉，新闻团体活动频繁，多次就报业相关问

---

❶ 方汉奇. 中国新闻事业通史（第一卷）[M]. 北京：中国人民大学出版社，1992：1011-1013.
❷ 桑兵. 清末民初传播业的民间化与社会变迁[J]. 近代史研究，1991（6）：53-76.
❸ 方汉奇. 中国新闻事业通史（第一卷）[M]. 北京：中国人民大学出版社，1992：1014.

题同当局进行交涉，报界呈现一派新景象。

然而好景不长，袁世凯上台后，封建专制势力蠢蠢欲动，起初还能受革命余波的压制，而后开始采用多种手段摧残迫害报业报人，据统计，到了1913年底，全国继续出版的报纸只剩139家，北京的上百家报纸只剩20余家。这一年的报界浩劫被称为"癸丑报灾"❶。在袁世凯当政期间，由非国民党系统报馆成立的北京报界同志会对袁当局颁布的《报纸条例》多加反对，他们商议对策、要求当局对新颁报律"明发教令，详加解释，明定范围"，为修正与解释法律做了诸多努力❷，虽然结果不能如愿，但是其活跃的团体活动所表现出的群体意识与职业意识可见一斑。

1916年袁世凯去世后，北洋军阀失去总头目，全国各地被多个派系的军阀掌控。政治形势的急剧变化使得当局逐渐改变对言论严格控制的做法。黎元洪继任大总统后恢复《中华民国临时约法》，摆出尊重言论的姿态，1916年7月16日，黎元洪下令废除袁世凯时期的《报纸条例》，进一步扫除束缚报业发展的法律障碍。在这种形势下，政界对报业也普遍持宽容态度。此外，为获取舆论支持，在政治斗争中取得有利地位，政界人士争相笼络报界，除国务院、总统府新闻招待所相继恢复外，各种新闻记者招待会再度举办，国会议员与报界的联系也空前紧密。得此待遇，报界开始逐步恢复信心，到1916年年底，全国报纸数量增至289种。❸

北洋军阀时期，各派军阀林立，尚不能一手遮天，与袁世凯当政期间相比，其对报业的控制大大减少，报业所处的社会环境相对宽松，舆论环境比之后来的南京国民政府时期也宽松许多，加上新文化运动的发展，报界处于一个上升期。❹但需要注意的是，此时仍属于军阀当权、武人专政之时，新闻业也

---

❶ 方汉奇.中国新闻事业通史（第一卷）[M].北京：中国人民大学出版社，1992：1048-1049.

❷ 赵建国.分解与重构：清季民初的报界团体[M].北京：生活·读书·新知三联书店，2008：181-197.

❸ 赵建国.分解与重构：清季民初的报界团体[M].北京：生活·读书·新知三联书店，2008：229-234.

❹ 赵建国.分解与重构：清季民初的报界团体[M].北京：生活·读书·新知三联书店，2008：229-235.

不可能像孙中山时期那样自由发展。❶

（三）职业意识的深化

1. 权益保障与薪酬水平

在报业的曲折发展中，报人的地位终究是得到了提高，其权益保障总的来说呈向上趋势。在报业繁荣的民国成立初期，中国报界俱进会、上海日报公会、广州报界公会等新闻团体就纷纷代表报界与当局交涉报律、报纸报人的权益等问题。❷关于报人的薪酬水平，《申报》1915年的一则招聘启事里写道："本报今以三十元至百元之报酬招聘南京苏州杭州广州上海各处特约访事……"❸《中国报学史》里也提道："总理为一馆之领袖……其月薪在三百元左右""总编辑亦称总主笔，为编辑部之领袖……其月薪在一百五十元至三百元之间""有特派员……每人月薪均在百元左右，交际费在外"，至于普通访员"常兼任他报；但报馆亦得令其专注意某一事……每人月薪在十元至三十元之间"❹。由此可知，当时的报业从业人员薪酬水平存在很大差异，管理人员或是知名报人收入颇高，声名显赫，普通访员也可维持温饱，这种待遇促使报人的职业认同与职业意识进一步提高。

2. 公共事务的参与

"新闻业是一个公共性极强的行业，新闻团体在成立之初就以'社会公器'和'国民代表'自诩，号称代表平民利益、反映人民意愿，营造社会舆论。"❺随着新闻团体的相继成立，报界的职业认同与群体意识更加强烈，参与公共事务也更为频繁。1911年7月，《大江报》连发两篇评论《亡中国者和平也》与《大乱者救中国之妙药也》引起清廷关注，其主笔詹大悲被捕，副总编何海鸣

---

❶ 方汉奇.中国新闻事业通史（第一卷）[M].北京：中国人民大学出版社，1992：1060.

❷ 方汉奇.中国新闻事业通史（第一卷）[M].北京：中国人民大学出版社，1992：1015.

❸ 上海亚细亚日报招聘宁苏杭广沪特约访事[N].申报（上海书店影印），1915-8-14（1），1915-8-15（1），1915-8-16（1），1915-8-17（1）.

❹ 戈公振.中国报学史[M].北京：中国文史出版社，2015：233.

❺ 杨翠芳.中国早期新闻团体的建立与新闻职业意识的培养[J].社会科学动态，2020（9）：112-116.

闻讯自动投案，报馆随之被封，史称"大江报案"。❶ 同年 8 月 7 日，汉口报界公会召开成立大会，声援《大江报》。翌年三月，"《大汉报》经理胡石庵发起组织武汉报界联合会，制定了《武汉报界联合会草章》，确定联合会宗旨为'维持公共利益及防止公共之危害'"❷。

在 1919 年的全国报界联合会成立大会上，除讨论章程外，还讨论多项重要议案，包括"拒登日商广告案"，1920 年于广州召开的第二次常会上，则有"电请美国上院对于山东问题主张公道案""拒登日商广告案""力争青岛案""劝告勿登有恶影响于社会之广告与新闻案"。❸ 第一次世界大战期间，欧洲列强忙于战争，日本借口对德宣战强占我国山东，"一战"结束，我国虽是战胜国却无法收回山东，此时报界在维护国家主权方面起到了舆论先锋作用。"劝告勿登有恶影响于社会之广告与新闻案"则体现了报界的社会责任感，也进一步显示了新闻团体的力量。

3. 职业道德的提倡

民国时期政局动荡加上中西文化的碰撞，报人的道德问题日益突出，编辑记者们风花雪月，出了舞厅便上戏院，妓院也是常去之处。除去私德有亏，业界职业道德失范的现象也时有发生。1921 年，上海新闻记者联欢会宣告成立，其章程中明确提出"本会以研究新闻学识，增进德、智、体、群四育为宗旨"❹。

追溯到 19 世纪中后期，王韬等人就对"主笔之人"提出要求，徐宝璜所著《新闻学》中亦有"访员应守之金科玉律"与"访员之资格"，可视为我国最早的新闻职业道德规范。❺ 在民国报刊中，新闻道德也是重要的讨论议题，这些报刊大致可分为两类：一类是《新闻学季刊》《报学期刊》之类的新闻专业期刊；另一类则是《每周评论》《东方杂志》这种综合性期刊。就讨论地域

---

❶ 方汉奇. 中国新闻事业通史（第一卷）[M]. 北京：中国人民大学出版社，1992：924-925.

❷ 杨翠芳. 中国早期新闻团体的建立与新闻职业意识的培养[J]. 社会科学动态，2020（9）：112-116.

❸ 戈公振. 中国报学史[M]. 北京：中国文史出版社，2015：268-269.

❹ 戈公振. 中国报学史[M]. 北京：中国文史出版社，2015：268-281.

❺ 杨石华，齐辉. 民国时期中国报人对新闻道德的讨论与突围（1914—1949）[J]. 新闻与传播研究，2016，23（2）：111-119，128.

而言，以上海、北平两地最为集中，其次还有杭州、西安等城市，与当时中国新闻业的发展布局相匹配。❶ 可见，报人的职业意识是同新闻业一道发展起来的，当新闻业发展到一定阶段，对从业者的行为规范就会逐渐变得明晰起来。

四、结语

回望中国近代新闻事业的发展，报人经历了一个从最初作为社会边缘人物时对自己的职业"讳莫如深"，到 19 世纪末 20 世纪初群体意识开始萌发、不断深化直至自觉认知的过程。在此期间，社会环境的变化与报业自身的发展都在推动报人的群体意识走向自觉。报人的自觉为新闻团体的成立提供了思想上的前提条件，此后业界与学界的新闻团体相继成立；而新闻团体的成立，在团结互助的同时，以团队的力量干预社会，彰显群体形象，又反过来加深了报人的职业认同和群体意识。"新闻从业人员组建新闻团体，以此为中心，维系共同利益，树立职业规范，强化职业认同，表达群体诉求，参与公共事务，提升行业地位，是新闻职业化的关键环节"❷。由此可见，报人群体意识自觉对于新闻职业化有着不可轻视的作用。

探究报人群体意识的发展可追溯至 19 世纪中后期，从洪仁玕、王韬、郑观应阐释新闻思想，从《申报》应聘访员将从业人员与其他行业从业人员区分开来，报人的群体意识就可见端倪，只是在这个时期表现的是一种自发的群体意识，并没有带有目的性地做出与之相关的行动来"抱团取暖"。若是寻得时间更早的史料，便能更为深入地了解晚清时期的新闻从业人员是何时意识到自己正在从事的，是一种新兴的、能在未来产生巨大变革作用的职业。

---

❶ 杨石华，齐辉.民国时期中国报人对新闻道德的讨论与突围（1914—1949）[J].新闻与传播研究，2016，23（2）：111-119，128.

❷ 赵建国.清末民初武汉新闻团体的演变——以新闻职业化为视角[J].广东社会科学，2014（4）：98-106.

辛亥革命前武汉地区舆论宣传对武昌首义的作用

廖声武*

发生在1911年的辛亥革命，推翻了统治中国200多年的清王朝，结束了中国历史上2000多年的封建专制统治，建立了新型的民主共和国。因此，辛亥革命的伟大历史功勋彪炳史册。辛亥革命取得这样伟大意义的胜利是以武昌起义为标志的。辛亥起义之所以能在武昌打响第一枪并取得胜利，武汉地区的革命舆论宣传在其中起到了催生的作用。

一、武昌首义前的革命舆论宣传活动概况

清朝末期，经过维新变法，武汉地区近代工业有了长足的发展，工人阶级队伍逐渐形成，建立了以知识分子为主体的具有近代色彩的军队，这一切都为资产阶级革命准备了必不可缺的前提和基础。湖北革命党人充分认识到了这些良好的特质基础，聚集于孙中山民族、民主革命旗帜之下，前仆后继，不屈不挠，进行了英勇的斗争。

（一）各革命组织前赴后继矢志反清宣传

湖北革命组织发轫于武昌花园山聚会。❶ 聚会发起人是留日回国的兴中会

---

* 廖声武，湖北大学新闻传播学院教授、博士生导师。

❶ 贺觉非，冯天瑜. 辛亥武昌首义史［M］. 武汉：湖北人民出版社，1985：110.

员吴禄贞。1903年的一段时间，吴禄贞聚集一批热血青年，在武昌花园山孙茂森花园李廉方住所倡谈革命，"学界往来者颇多，凡以后留学东西各国者十之八九曾到是处"❶，"各省志士之至武昌者，莫不赴花园山接洽，而各同志之在营校者，亦每星期来报告运动经过，及其发展之状况"❷。

以吴禄贞为首的武昌花园山聚会，虽无正式组织形式，时间也不长，但他们的革命宣传工作却做得有声有色。花园山聚会成员孔庚负责革命书报的发行，通过专售东京学界译著、出版物的上海昌明公司，将革命书报寄往湖北，因供不应求，吕大森、朱和中等组织了一个印刷公司，专门翻印《猛回头》《警世钟》等书籍。1903年以后，各种革命书报在武汉学界、军界广为流传，以至"吾鄂各学堂，对于《湖北学生界》及革命刊物，人人秘手一册，递相传播，皆欲奋起"❸。

吴禄贞被清政府调往北京任职后，花园山聚会停止，继之而起的是一个具有较完备的组织形式的革命团体——科学补习所。科学补习所对外是一个文化补习学校，招收在校学生进行课余补习，而实质上，科学补习所成员都"以心记之宗旨'排满革命'四字为主"❹。科学补习所是一个注重革命实际工作的团体，一方面积极运动新军，另一方面则开展反清革命宣传。在补习所成立之前，一些成员就是积极从事革命宣传的分子：张难先与胡瑛在士兵中"散发《猛回头》《孙逸仙》《黄帝魂》等书，常于饭后坐沙上，讲有关系之故事，以激励之"。胡瑛更是"少年美挺，美丰仪，善词说，闻者莫不感动"❺。科学补习所成立时，欧阳瑞骅"于堂中散播《死法》（革命书籍）数百本，并为所订大同书社章程，拟专集新书，作革命之宣传"❻。

科学补习所被清政府查封后，刘静庵组织的革命团体日知会成为宣传革命

---

❶ 李廉方. 辛亥武昌首义纪［M］. 台北：中正书局，1961：2.
❷ 贺觉非，冯天瑜. 辛亥武昌首义史［M］. 武汉：湖北人民出版社，1985：67.
❸ 贺觉非，冯天瑜. 辛亥武昌首义史［M］. 武汉：湖北人民出版社，1985：68.
❹ 张难先. 湖北革命知之录［M］. 上海：商务印书馆，1946：55.
❺ 中国史学会主编. 辛亥革命［M］. 上海：上海人民出版社，1956：553.
❻ 中国史学会主编. 辛亥革命［M］. 上海：上海人民出版社，1956：553.

的一个中心。起初，日知会只是美国教会圣公会的一个图书阅览室，刘静庵离开新军来到日知会，"敬庵视事后，整理书报，订立规则，应接尤为周至。数月之间，阅者日众，阅览为之改观。敬庵见扩张会务，大可引导革命，始则渐增革命书报，继而吸引同志，进行组织"❶。

日知会在刘静庵的主持下，成为革命团体，并于1906年2月召开成立大会。日知会成立后，其主要活动是开展革命宣传。宣传方式主要是办报、到学校讲课、讲演报告等。日知会把演讲会作为宣传的重要形式，增加了演讲会的次数，由原来每月一次演讲，改为每星期日都举行演讲会。❷

报纸是宣传革命的有力工具，日知会成员冯特民、张汉杰、陆费达进入《楚报》中文版，在他们的主持下，《楚报》"纵论鄂省政治、不避嫌忌""持论颇激昂"❸。张之洞为修筑粤汉铁路，欲与外商签订借款合同，被冯特民探得，将全文登载，并且加上按语，斥之不应有此丧权辱国的行为。❹

为了广泛宣传革命，日知会还在黄冈秘密开设印刷机关。有吴贡三、殷子衡专司其事，大量翻印《警世钟》《猛回头》《革命军》等小册子，吴贡三还假托孔孟之书，自编《孔孟心肝》一书，广为送阅。

日知会与东京的同盟会有着密切联系，日知会成员范腾霄到达日本后即加入同盟会，东京同盟会的一切规定无不随时径寄武昌。据范腾霄回忆，他经常给日知会寄文件，1906年，他曾以半价购《民报》四千份寄回湖北，请日知会分发，还直接将《民报》寄给军学两界有关同志。❺

后起的革命组织如共进会、群治学社、文学社等在联络同志，结交会党、运动新军的同时，也都十分重视革命宣传。詹大悲主办的《商务报》、何海鸣主办的《大江报》、郑江灏主办的《政学日报》、高汉声主办的《夏报》、汪康

---

❶ 李廉方.辛亥武昌首义纪［M］.台北：中正书局，1961：5-6.
❷ 张难先.湖北革命知之录［M］.上海：商务印书馆，1946：81.
❸ 刘望龄.黑血·金鼓——辛亥前后湖北报刊史事长编［M］.武汉：湖北教育出版社，1991：93.
❹ 刘望龄.黑血·金鼓——辛亥前后湖北报刊史事长编［M］.武汉：湖北教育出版社，1991：95.
❺ 贺觉非，冯天瑜.辛亥武昌首义史［M］.武汉：湖北人民出版社，1985：82.

平主办的《鄂报》，都是革命党人组织的。❶特别是《商务报》和《大江报》，凡有武汉官厅各种黑幕，都披露报端，措辞激烈，痛斥一般贪官污吏为"奴才""走狗"，尤以对新军内部一切不法和贪污舞弊等事，一经士兵到报社申诉，予以详细登载，痛加抨击。为扩大在士兵中的影响，《大江报》给各营队送义务报一份，以供同志阅览。❷1911年7月17日，《大江报》发表题为《亡中国者和平也》的评论，九天后，7月26日，又发表了惊世骇俗的《大乱者救中国之妙药也》的评论，令清政府极度恐惧和仇恨，为武昌首义作了很好的舆论准备。

（二）武昌首义前的革命舆论宣传形式丰富多样

湖北革命党人在反清革命宣传中，针对不同的对象采用不同的方式，号召群众，组织群会，形式丰富多样。早在花园山聚会时，革命党人就将军队作为活动的重点，派遣同志投入清军，造成革命势力，运动会党，造成社会力量❸，革命党人认为"革命非运动军队不可，运动军队，非亲身加入行伍不可"❹。于是，刘静庵、张难先、胡瑛等投马队营、工程营做兵士。此后，日知会、军队同盟会、群治学社、振武学社等组织的骨干成员，也多由"莘莘学子"变成为"桓桓武夫"，在新军中做了大量扎实的工作。革命党人在军队中采用的宣传形式，一是讲演，如张难先、胡瑛在新军中开展讲演，鼓吹革命；二是秘密散发《革命军》《警世钟》《猛回头》《黄帝魂》《湖北学生界》等书刊，"各士兵每每读猛回头，警世钟诸书，即奉为至宝"❺；三是投身报馆，主持笔政，宣传革命，共进会员杨玉如主持《汉口中西报》笔政，作社文、小说，宣传种族主义❻，刘公、杨时杰等由日返汉开展革命活动，借《雄风报》

---

❶ 杨光辉，熊尚厚，吕良海，李仲明.中国近代报刊发展概况[M].北京 新华出版社，1986：475.
❷ 贺觉非，冯天瑜.辛亥武昌首义史[M].武汉：湖北人民出版社，1985：113.
❸ 张难先.湖北革命知之录[M].上海：商务印书馆，1946：29.
❹ 张难先.湖北革命知之录[M].上海：商务印书馆，1946：55.
❺ 曹亚伯.武汉革命真史（上）[M].上海：上海书店，1982：130.
❻ 刘望龄.黑血·金鼓——辛亥前后湖北报刊史事长编[M].武汉：湖北教育出版社，1991：215.

进行鼓吹，使该报言论日益激烈。❶ "文学社的主要工作，为利用报馆宣传革命。"❷ 詹大悲本是《商务报》《大江报》主笔，宛思演、刘复基、查光佛、梅宝玑、李抱良等都曾参与编辑《商务报》。此外，革命党人还在军营附近开设酒店，在饮酒吃饭之际，相机传播革命道理。❸《大江报》以新军士兵为主要宣传对象，在各标营普设分销处和特约通讯员，并免费送阅"义务报"一份。❹

相比较而言，在学界和一般民众中，革命党人的宣传舆论工作则公开得多。

第一，革命党人利用教会阅览室，宣传团结了一大批民众。刘静庵离开新军后担任教会阅览室日知会管理员，从日本主要城市、上海订购了大量革命书报，如《民报》《湖北学生界》《革命军》《猛回头》《黄帝魂》等，任人阅览。刘静庵也利用工作的有利条件与来读书看报的人交谈，宣传革命思想。董必武就是在这段时间与刘静庵结识并接受革命影响的。所以，董必武将刘静庵看作自己"心目中的英雄和启蒙师"❺。

第二，利用先进的技术手段，以扩大革命宣传。花园山聚会成员从编印师范讲义获利中，"先提二千元购幻灯片，运往武汉放演，时功璧管理机片，耿觐文（伯钊）说明，间参以讲演，吴禄贞、刘伯刚、金华祝、余德元等常往讲演者也。凡片中涉及世界民族运动与被压迫情事，必尽量发挥，此片在各处放演，往观者甚众，于激发思潮，亦颇有效。"❻

第三，利用演讲鼓动民众。演讲场所主要有三种：一是利用学校讲堂作为宣传革命的场所，如日知会成员刘静庵、张纯一、范焕文就受聘到文华书院任国文讲席，他们在课堂中，凡可发挥民族、民权思想的课题，特加引申，继以

---

❶ 刘望龄.黑血·金鼓——辛亥前后湖北报刊史事长编[M].武汉：湖北教育出版社，1991：219.
❷ 中国人民政治协商会议湖北省委员会.辛亥首义回忆录（第二辑）[M].武汉：湖北人民出版社，1957：124.
❸ 贺觉非，冯天瑜.辛亥武昌首义史[M].武汉：湖北人民出版社，1985：112-113.
❹ 刘望龄.黑血·金鼓——辛亥前后湖北报刊史事长编[M].武汉：湖北教育出版社，1991：226-227.
❺《董必武传》撰写组.董必武传（1886—1975）[M].北京：中央文献出版社，2006：25.
❻ 李廉方.辛亥武昌首义纪[M].台北：中正书局，1961：4.

评论，对学生感染很深。❶ 二是利用自办学校宣传革命，如刘静庵创办江汉公学、东游补习班，梁耀汉创办明新公学等。三是日知会的周末演讲。日知会成立后，"每星期日必有类似讲演，有时假座文华书院，请名人讲演世界革命史事，对时事常含刺激意味，如吴禄贞、刘伯刚、金华祝、余德元、朱作梅等皆曾主讲"❷。

第四，广泛散发革命书籍。日知会在黄州设立秘密印刷机关，翻印革命书册，相对于在军营小心散发，于夜间或士兵出动时暗置床头不同，这些书籍"各处携以分送，各校学生几于人手一册"❸。

第五，在报纸上公开呼号革命。1908年，《江汉日报》正式刊发时刊载《对于本报发刊阐明宗旨》，标明"张吾自由之帜"，作革命之"喉舌"。❹《中兴日报》发表田桐撰写的社论《泣告同胞之希望立宪者》，批判康梁的保皇立宪主张。《江汉日报》还译载日本报纸的文章《清国之革命党》，这是武汉报刊第一次公开发表评介孙中山和革命党的文章，内容涉及革命党有关团体、主义、领袖、起义斗争等。该报还刊发广告，负责代销被清政府视为禁书的各种革命刊物，如《云南》《河南》《夏声》等。《江汉日报》被查禁后，《通俗白话报》《雄风报》《商务报》《夏报》《大江报》等担当起革命宣传的重任。湖北武汉地区革命报刊宣传的大胆与无畏，在全国各省中是少见的。值得一提的是《大江报》在刊发《大乱者救中国之妙药也》的雄文后，在被清政府关闭的前一天，还刊载了《论社会主义定义十五条》连载中的前十三条，这是武汉报界较为系统传播社会主义思想的肇始。

二、武昌首义前革命舆论宣传的作用

革命党人的宣传鼓动是在孙中山的民族民权旗帜下进行的，他们长期深入

---

❶ 贺觉非，冯天瑜. 辛亥武昌首义史 [M]. 武汉：湖北人民出版社，1985：78.
❷ 李廉方. 辛亥武昌首义纪 [M]. 台北：中正书局，1961：6.
❸ 李廉方. 辛亥武昌首义纪 [M]. 台北：中正书局，1961：6.
❹ 刘望龄. 黑血·金鼓——辛亥前后湖北报刊史事长编 [M]. 武汉：湖北教育出版社，1991：143.

基层，运动会党，发动新军，扎扎实实地宣传民众，组织民众，形成一支立足本地、力量雄厚的宣传队伍。革命党人办报，一个报刊被查封之后，又重组或变名出版。例如，《商务报》被"勒令停版"后，第二年詹大悲又重组革命舆论机关《大江白话报》，后《大江白话报》陷于停顿后，詹又集资接办，更名为《大江报》。革命党人有的倾家荡产为办报，有的将本为买官的钱拿出来支持革命办报，还有的虽身陷囹圄也仍然不忘办报宣传革命。日知会成员李亚东在丙午下狱后，仍创办《通俗白话报》作为革命团体"湖北军队同盟会"的言论机关报，报纸的筹办、撰稿直至编辑，都在狱中暗地进行，由陈少武携出印刷。该报以宣传革命为主旨，"恣其鼓吹，势张甚"❶。正是这种脚踏实地、埋头苦干的做法，使革命党人在武汉拥有广泛群众基础并实际掌握了军队，从而催生了武昌首义的伟大壮举。革命党人蔡寄鸥在其后来撰写的《武汉新闻史》中就写道："总而言之，辛亥革命，是报馆鼓吹起来的……这是一般公认的事实。"❷

（一）革命党人的舆论宣传奠定了广泛的民众基础

早期的革命党人从1900年自立军失败的血的教训中，痛感依赖清廷官吏的危险性和会党的散漫不足恃，认为革命"不能专靠会党作主力"，而应当"绝对从士兵学生痛下功夫"❸。基于这样的认识，革命党人开始广泛宣传群众，大力运动新军。为了吸引群众，花园山聚会成员不惜花重金购置幻灯机，用幻灯演讲革命道理，影响甚广。科学补习所成立时，宣传对象主要是武高等学堂和文普通学堂学生，且发动面很广，人数众多，在成立大会上散发革命书籍数百本。

日知会成立，宣传群众，鼓动反清革命成为该会的主要活动。在日知会成立大会上，刘静庵发表演讲说："中国醒！中国醒！我中华大国，外国人要瓜

---

❶ 曹亚伯.武汉革命真史（上）[M].上海：上海书店，1982：145.
❷ 杨光辉，熊尚厚，吕良海，李仲明.中国近代报刊发展概况[M].北京：新华出版社，1986：475.
❸ 张难先.湖北革命知之录[M].上海：商务印书馆，中华民国三十五年：21.

分了！我们同胞要做双重亡国奴了！满清❶叶赫那拉氏常言，宁将中国亡于外人，不可失于家奴。此满清亦自认为中国又要再亡了。我汉人四万万同胞……现在迫在眉睫，应该醒来，应该觉悟，早想挽救之办法，以免永为奴隶牛马，不胜急切盼祷之至。"他号召要"开导民智，救中国危亡，成一新中国，俾黄帝子孙不役为亡国奴，惟同志之幸，亦中国四万万同胞之幸！"❷演讲声情并茂，很能打动人心。九江牧师胡厚斋到武昌"听刘敬安在日知会之演讲，大受感动，亦于返九江后设一开化阅书报室……买各种新书新报于开化阅书报室。武昌日知会刘敬安所暗散之各种革命书籍亦渐分布于九江。""并附设平民学校，日夜授课以开风气"❸。南昌人黄大可把自己的住宅作为阅览室之用，黄大可的兄弟反对，黄大可写一字条标于门首："此屋已捐予开化阅书报社营业，如有阻挠之者，余当变厉鬼以击其脑"❹。革命宣传效果由此可见一斑。曹亚伯在其《武昌革命真史》中写道："焉得刘敬安，化身千百万，使旧腐之人物，一一觉悟哉！"❺由于刘静庵等人的宣传，日知会很快在军学两界发展会员几千人❻。

　　日知会之后，各革命团体仍百折不回，醉心宣传，揭露清政府黑暗和官员的腐败，宣告民族危亡的紧迫性，唤起民众的觉醒。而这些宣传也确实收到了功效。武昌首义爆发，武汉地区参军的青壮年顿时达数万人之多；阳夏战争中汉口郊外农民主动扒掉铁轨，阻止清军进犯；刘家庙之役，民众揭竿而起，协助民军痛击清军；武汉三镇市民向革命军送糖食水果，用水缸煨肉汤送上前线者，不绝于途……❼这一切表现湖北党人多年来所做的"促睡狮之猛醒"的鼓动工作早已深入人心。

---

❶ 编辑注："满清"，现代语境下不再使用，此处为资料引用，不作修改，下同。
❷ 曹亚伯.武汉革命真史（上）[M].上海：上海书店，1982：14.
❸ 曹亚伯.武汉革命真史（上）[M].上海：上海书店，1982：129.
❹ 曹亚伯.武汉革命真史（上）[M].上海：上海书店，1982：129-130.
❺ 曹亚伯.武汉革命真史（上）[M].上海：上海书店，1982：130.
❻ 中国人民政治协商会议湖北省委员会.辛亥首义回忆录（第三辑）[M].武汉：湖北人民出版社，1958：63.
❼ 贺觉非，冯天瑜.辛亥武昌首义史[M].武汉：湖北人民出版社，1985：114.

（二）革命党人深入军队的宣传直接催生了武昌首义

武昌花园山聚会提出派遣革命知识青年潜入新军，"以改换新军脑筋为成事之根本"❶，从此，这一指导思想影响了各个时期的革命党人。无论是科学补习所还是日知会，以及后继的革命团体，都把运动军队作为重要工作。日知会成立时，武昌各军营和各学校均派有本单位会员作代表，从事联络。为了广泛团结同志，日知会员熊十力等在新军中组织黄冈军学界讲习社，每星期日大规模集会演讲。"又密结同志谋团体之扩张，更广布宣传文籍，如《民报》及《警世钟》《猛回头》《革命军》《孔孟心肝》诸书，几于各军兵士人手一本矣。"❷为鼓舞革命士气，日知会员张纯一以白话作军歌三首，其中之一为："愿同胞，团结个。英雄气，唱军歌。一腔热血儿，按剑摩。怎能够，坐视国步蹉跎。准备指日挥戈，好收拾旧山河。从军乐，乐如何。从军乐，乐如何。"❸这首宣扬"救亡图存"思想的军歌在武昌军学两界广为传唱，影响遍及全国。

除了重视对革命道理的宣传之外，革命党人掌握的报馆也非常重视对军队事件的报道。这是运动军队的一个重要方面。共进会领导人孙武说：只有运动军队，把清军一队一队，一营一营、一标一标争取过来，才能以固有的组织和现成的人为革命工作。这就是所谓的"抬营主义"❹。基于这样的指导思想，《大江报》"遇事敢言，凡军中有克扣军饷，不合舆情之处，无不尽情暴露。军中官长畏报如虎，恨报刺骨；而士兵同志乃信仰益深，志向益坚"。"每日到报社之士兵同志，户限为穿。不久军队中已发展同志到半数以上"❺。《大江报》非常重视报纸对军营的宣传，在军营设有报纸分销处和特约通讯员，"鄂兵士

---

❶ 贺觉非，冯天瑜.辛亥武昌首义史［M］.武汉：湖北人民出版社，1985：69.
❷ 曹亚伯.武汉革命真史（上）［M］.上海：上海书店，1982：136.
❸ 曹亚伯.武汉革命真史（上）［M］.上海：上海书店，1982：11.
❹ 贺觉非，冯天瑜.辛亥武昌首义史［M］.武汉：湖北人民出版社，1985：101.
❺ 中国人民政治协商会议湖北省委员会.辛亥首义回忆录（第一辑）［M］.武汉：湖北人民出版社，1979：52.

人手一纸，影响至深，故武昌首义易如反掌。"❶

1911年7月，《大江报》接连发表《亡中国者和平也》《大乱者救中国之妙药也》两篇文章后，遭到清政府的迫害。清政府的残暴行为，为推动了辛亥首义的爆发起到重要推动作用。董必武在《詹大悲先生事略》中评论说：1910年，詹大悲"商振武学社同志刘尧澂、张廷辅、王守愚等与将校团合并改组为文学社；于汉口办《大江报》为社之言论机关，仍由君及宛思演、温楚珩、梅宝玑、何海鸣等主之。经此团结，革命气势大张。君言语妙天下，能言人所欲言而不敢言者，故《大江报》风行一时。宣统三年，君见清运已终，著一时评，题曰：《大乱者，救中国之药石也》。鄂督瑞澂忌之，即捕之入狱。军中同志激昂万状，遂伏八月十九日大爆发之根"❷。

1911年，就全国而言，革命形势汹涌澎湃。湖北革命党人经过长期艰苦卓绝的宣传工作和组织工作，革命力量已遍布新军。湖北新军一万五千人中，"纯粹革命党人将近两千人，经过联系而同情革命的约四千多人，与革命为敌的至多不过一千余人，其余都是摇摆不定的。"❸革命党人实际上掌握了武装，并且强有力地掌握了新军的各级组织。在这种情况下，武昌首义已箭在弦上。军中党人毅然打响第一枪，首义大业由此成就。诚如熊十力所说："同盟会所以收功实于武昌，则以鄂中无数志士，早从军队着手，当时纯为民族、民权二大思想而忘身……鄂人不计死生，哀号于军队中，使全军皆革命党，人人置死生于度外，此股雄壮之气，如何可当，辛亥爆发，而瑞澂、张彪不得不逃，亦大势之必然也。"❹这是对武昌首义前革命舆论宣传对武昌首义催生作用的恰当评价。

---

❶ 刘望龄.黑血·金鼓——辛亥前后湖北报刊史事长编[M].武汉：湖北教育出版社，1991：216.
❷ 刘望龄.黑血·金鼓——辛亥前后湖北报刊史事长编[M].武汉：湖北教育出版社，1991：229.
❸ 中国人民政治协商会议湖北省委员会.辛亥首义回忆录（第一辑）[M].武汉：湖北人民出版社，1979：125.
❹ 贺觉非，冯天瑜.辛亥武昌首义史[M].武汉：湖北人民出版社，1985：115.

近代江苏新闻团体的发展与反思

何 璇[*]

江苏近代新闻事业兴起于19世纪末，1898年出版的《无锡白话报》是现江苏境内最早问世的报纸。由于江苏的地理位置和人文条件较好，20世纪以来出版发行了大量报纸。据统计，1934年全国登记的报纸共计2700余种，其中江苏省有252种；20世纪30年代全省新闻记者从业人员约1700余人。[❶] 随着近代江苏报业的不断发展，江苏报界迫切需要成立报业团体来处理报界自身问题，维护报界利益。江苏新闻团体组织是近代江苏地区新闻行业发展的重要组成部分，故本文以江苏报界公会为研究对象，系统梳理江苏各地报界公会和江苏省报界联合会的发展脉络，探究江苏报界公会与群体意识觉醒、报界行业交流、时局环境之间的相互关系。

一、江苏省各地报界公会的成立

20世纪20年代，江苏报业迎来发展高潮。此时民族危机加剧，越来越多的知识分子办报救国活动受到统治当局的打压和控制，报人群体遂产生维护同业的诉求，加之受到上海、北京、天津、武汉等地报界公会组织的影响，江苏省报人群体也希望通过成立报界团体组织，维护行业利益，参与社会公共

---

[*] 何璇，湖北大学历史与文化学院副教授。
[❶] 肖凡.江苏近代新闻事业梗概[J].新闻大学，1995（1）.

活动。

（一）苏州报界公会

苏州最早发行的报纸是1900年创刊的《独立报》，1901年包天笑主编的《苏州白话报》创刊，1904年《吴郡白话报》创刊，1908年《江苏旬报》创刊，1911年11月《大汉报》创刊。辛亥革命后至20世纪30年代，苏州相继创办了《苏州日报》《平江日报》《吴县市乡公报》《吴县日报》《苏州中报》《苏州评论》《苏州妇女评论》《木铎》《吴语报》《苏醒日报》《正大日报》等。

1918年年末，孙一衣就开始发起组织苏州报界同业组织，1919年2月至3月，苏州报界公会成立并推定公会职员。该组织由孙一衣发起，孙推荐《吴县市乡报》主任颜也介为会长，孙一衣为文牍员，《苏州日报》主任石雨声和《吴语报》主任马千里为交际员，《苏醒日报》主任陈寿霖为会计员，并决定待拟定公会简章后再招募会员。❶1919年4月初，苏州报界公会由颜也介会长拟定"简章十条"，具呈吴县公署请求备案，县公著批示照准。该会即开始通知各报记者、沪报通信员筹备召开成立大会，但各报馆记者认为苏州报界人员庞杂，故均持观望。❷起初各报均态度消极，后经颜也介会长一再疏通，各报就此融合，于1919年4月20日借金星保险公司召开谈话会，将各项章程略事修正，准备召开筹备大会，并考虑租赁房屋以做办事处。❸

此后组织报界公会一事就无声无色消灭于无形，至1921年7月23日苏州各报馆在留园开筹备会，《正大日报》等九家报馆派代表与会，公推孙一衣为临时会长，期待组织正式成立。❹1922年1月，苏州报界公会成立大会正式召开，推举冯世德为正会长，苏稼秋为副会长。冯苏二君本为报界先进，道德学问苏人皆知。元旦日由各报馆主任假借久华楼，敦请两位会长行就职典礼，到会者有冯正会长，《吴县市乡公报》的颜心介，《民苏日报》的李惕案，《苏醒

---

❶ 苏州报界公会推定职员[N].民国日报，1919-3-5.
❷ 苏州报界公会备案批准[N].民国日报，1919-4-2.
❸ 苏州报界公会消息[N].民国日报，1919-4-24.
❹ 苏州报界公会之筹备[N].民国日报，1921-7-25.

日报》的陈寿霖，《吴语报》的金南平，《新江苏报》的庞独笑等。席间由《吴县市乡公报》主任颜也介报告以前报界公会之经过情况及对于此后进行之手续多所发挥，而各代表对于以后报务之进行各有研究，并表示对于会长一致信仰。冯会长初犹谦辞，嗣经各报主任再三推劝，始允就职。❶

（二）扬州报界联合会

扬州虽为小城，但在 20 世纪 20 年代已经存在《扬州日报》《商务日报》《新扬州报》《启新报》《广陵涛》《自治公报》《民声报》《扬州市乡公报》《江淮新报》、淮扬通信社等十余家报馆。

1923 年 9 月，由其中七家报馆发起组织扬州报界联合会，以谋舆论之详实，并制订办法分步进行，择期宣传成立，征求其他各报加入。❷1923 年 10 月 1 日下午，扬州报界联合会假借旧城旌忠寺召开成立大会，扬州转运使、统领、县长、电报局长、旅长等均派代表与会，金陵道尹、教育厅长等邮寄祝辞。扬州报界联合会会长张少齐首先发言，宣读报馆开会宗旨并希望各界实行互助，次由张少秋等宣读各界祝辞。❸

扬州报界公会成立后积极参与地方活动，1927 年 3 月 31 日晚，扬州报界联合会等五十九个团体共同参加扬州市民提灯庆祝大会，沿途高唱革命成功歌并呼喊各种革命口号。❹1927 年 6 月，扬州报界联合会进行了改组。1927 年 6 月 12 日，扬州报界联合会会在《扬州日报》报馆内召开改组会议，出席机构为《扬州日报》《民声报》《通俗报》《启新报》《国民日报》《江淮新报》《新扬报》《警务间报》《新民报》《江都县公报》《江北商务报》、淮扬通信社等。首先，推张少齐为主席，其次，报告开会宗旨，最后推选孔小山、季维周、张少齐、卢指闻、徐惟吾、张芷青、王汉转七人担任改组筹备员，并议决筹备经费

---

❶ 苏州报界公会成立记［N］. 民国日报，1922-1-5.
❷ 扬州组织报界联合会［N］. 申报，1923-9-6.
❸ 扬州报界联合会成立［N］. 申报，1923-10-4.
❹ 各界之提灯庆祝大会［N］. 申报，1927-4-4.

由出席之报馆均摊。❶

(三) 江阴报业公会

1927年9月,江阴《民声报》《新商报》两报记者祝仁、曹一尘等为团结报界同业开始筹备组建江阴报业公会,于10月16日上午十点假借怡园召开成立大会,到会者三十余人,江阴县国民党党部、县政府、各团体均派员参加,公推邢介文为主席。首先由邢介文报告江阴报业公会的成立经过,其后推选祝仁、曹一尘、祝桃、邢芙庆、方蛮为执行委员,缪文溪为监察委员,其后由来宾孙国璋等发表演说。❷

1927年11月1日,召开执监会议,议决:"(一)督促成立支部,通知《江阴商报》入会;(二)即日开始征收会费;(三)通知各代派处及报贩,凡阅报各户喜欢阅读何种报纸应听从阅读者自由选择,不得操纵,如有不遵即予撤更;(四)《民声》《新商报》两报状告《江阴商报》串通华通排字房印刷人员,制取十月三十一日紧要新闻一案,报业公会议决各报文稿有权限安排排版时间,印书馆应负责保存并严守秘密,并函告《江阴商报》应尊重编辑主权。"❸1928年4月江阴《新商报》因为在4月3日的地方新闻中登载了禁烟分局护缉队奉令裁撤的消息,其中内容有误。禁烟总局护缉大队第三中队第一排排长寇均恩阅悉后大为震怒,遂率领武装队十余人至该报馆与主任编辑钱少鹤交涉,逼迫交出报道消息记者章介查,钱少鹤同意更正并道歉。寇均恩仍然觉得不满,于当日下午三点重返报馆,适逢钱少鹤外出,遂将外勤记者王道清拘捕,并查抄编辑室,将稿簿带走,其后又在钱少鹤私宅搜查甚久,当即将记者王道清押解上海总局办理。《新商报》根据护缉队私擅捕人,无依据搜查报馆及私人住宅等情况,致函县政府、县公安局、上海禁烟总局进行交涉。江阴报业公会于当日召集成员开会,讨论援助办法。❹江阴报业公会商讨之后,致

---

❶ 扬州报界联合会开会[N]. 申报,1927-6-12.
❷ 江阴报业公会之组织[N]. 申报,1927-10-18.
❸ 报业公会之执监会议[N]. 申报,1927--11月3.
❹ 护缉队查抄报馆私宅之交涉[N]. 申报,1928-4-5.

电上海《申报》馆，希望《申报》刊登此事件，借助《申报》的影响力寻求各界的援助，并议决："（一）致电财政部禁烟总局查办此案；（二）致电上海及苏锡常各报同业恳请援助；（三）呈请县党部县政府主持公道；（四）由《新商报》提起刑诉以维法纪而重舆论。"❶对于此案，上海《申报》、无锡新闻记者联合会均发文声援。

（四）镇江报界协会

1929年1月，镇江县党部指导委员会奉省指委会训令，召集镇江报界筹组报界协会，于1月15日，在县党部大礼堂召开成立大会。1929年3月，镇江报界协会参与了镇江县党部筹建的西北赈灾游艺会，主要负责大会的宣传工作。❷1929年5月，镇江报界协会代表包明书参加了查禁日本走私品活动。❸1929年7月，接待了来华访问的捷克记者施联。1930年7月，针对记者戴捷三在镇江车站被侮辱一事召开专门会议，致函江苏省公安局要求警方向戴捷三道歉，并希望日后对于旅客安检公安局应心气和平。❹

江苏省报界联合会成立后，在其指导下镇江报界协会、南通报界联合会、武进报界协会等各县报界团体陆续成立，搭建地方同业互助平台，推进江苏省报业的整体发展。

二、江苏省报界联合会的成立与发展

（一）江苏省报界联合会的筹备

为统筹江苏全省报业发展、组织全省报业团体，苏州、无锡两县报界团体联合发起召集，欲成立全省报界联合会。于1928年9月16日至18日，在无锡举办报界代表会议。其中在16日召开预备会议，出席代表共27人，公推无

---

❶ 护缉队私擅逮捕之公愤[N].申报，1928-4-6.
❷ 筹备西北赈灾游艺会[N].申报，1929-3-7.
❸ 镇江扣留大批日货[N].申报，1929-5-12.
❹ 报界协会讨论侮辱记者事件[N].申报，1930-7-27.

锡代表杨重远为临时主席；17日召开第一次代表大会，共出席会员28人，共筹省报界联合会有关事宜；18日举行第一次筹备会议，推定孙德先为常务会议主席委员，即日遵照代表大会议决案，开始积极筹备组织江苏省报界联合会。❶

1928年9月28日下午3时，在无锡铁路饭店开第二次筹备会议，出席者江阴邢介文、苏州张叔自、常熟钱笠夫、无锡孙德先、武进方葆棠（孙德先兼代）等人。孙德先主席先报告执行代表大会各项议决案及筹备经过，代表大会议决应执行个案共有六件。随后，各位代表讨论省报界联合会成立大会的安排及流程，拟定于1928年12月30日至1929年1月1日在苏州举行，届时应审核本会章程、各县分会章程，选举第一届执监委员并召开宣誓就职仪式。同时，在1929年元旦期间各县报界应停刊两日，在元旦日报纸的广告地位一律刊登"庆祝江苏省报界联合会成立"，用以表示庆祝与团结。❷

（二）江苏省报界联合会的成立

经苏州方面筹备，在1928年12月30日至1929年1月1日按照计划举办省报界联合会成立大会。30日进行出席代表资格审查，31日召开代表大会，共出席43人。会上就联合会组织规章、经费来源及使用、新闻记者的待遇与保障等问题进行讨论。随后大会选出程太阿、李雨化、薄公雷、孙德先、杨重远等为执委，于翌日上午10时，在宫巷乐群社召开联合会成立大会，并举行宣誓就职典礼，钱大钧师长致词，邹秘书长代省指委会派李百伋监誓。❸

此次大会通过日前起草、修正的《江苏省报界联合会章程》，章程共有六章二十二条，包括总纲、组织、纪律、会费、权义、附则六大内容。在总纲方面，首先明确提出江苏省报界联合会受江苏省党部指导，以"宣传三民主义、联络江苏各县同业、谋新闻事业之发展"为宗旨，联合会将指导尚未组成报界团体的县城，成立省报界联合会地区分会。在组织方面，联合会最高权力机

---

❶ 江苏各县报界代表会议详记[N].新闻报，1928-9-18.
❷ 江苏省报界联合会筹备会记事[N].新闻报，1928-10-30.
❸ 江苏省报界联合会在苏开会初记[N].新闻报，1929-1-4.

关为省代表大会，其闭会期间为省执行委员会，并组织监察委员会，全省代表大会由本会各县分会每县各推代表 4 人组织，定期开会。在纪律方面，联合会各县分会和会员需要绝对接受党部的指导，并遵守本会章程及议决案、如有故意违反和破坏本会名誉及组织的行为，经其他县分会之告发，监察委员会之检举，应由执行委员会予以处分。在会费方面，联合会各县分会及会员应缴纳入会费、登记费、年捐、特别捐四项会费。在权利义务方面，联合会各县分会及会员需要尽缴纳会费、服从纪律、遵守章程及议决案、维护名誉、努力会务、其他等义务；享选举权及被选举权、推举代表出席会议之权、享受政府核准优待本会之权、必要时请求本会保障之权、其他等权利。❶

1929 年 1 月 22 日，江苏省报界联合会第一届执行委员在无锡举行第一次会议，出席委员杨重远、王潞、程太阿、李雨化、薄公雷、张宗明和孙德先，会上议决事项共 14 项。现总结为以下事宜：①关于内部组织额执委工作分配，提出应设立秘书处、组织部、宣传部、仲裁委员会，通过记名制投票，程太阿、孙德先、杨重远当选常务委员、张宗明当选组织部长、李雨化当选宣传部长。②联合会应于 1929 年 2 月 1 日起开始正式办公。③关于常务委员会、执行委员会定期开会事宜，由于成立之初事务繁多，规定常务委员会每两个星期举行一次，于每月 1 日、15 日举行；执行委员会每月一次，于每月 20 日举行。④联合会开办费及每月经常费由常务委员会负责办理。⑤关于联合会各部聘用工作人员的标准，秘书处直隶于常务委员会，工作人员不得过 5 人；组织部不得过 5 人；宣传部不得过 3 人；仲裁委员会不得过 3 人，由各部长委员分别提请本会聘任之。⑥秘书处须整理第一次代表大会决议各案、联合会成立宣言，并负责起草各县分会及报界团体组织条例和大纲。⑦常委需审查核办《通海新报》被该县指导委会勒令停版七天一案。❷

---

❶ 江苏省报界联合会修正章程[N].新闻报，1928-11-13.
❷ 江苏省报界联合会执委会开会纪要[N].新闻报，1929-1-24.

三、近代江苏报界公会组织的价值评价

（一）群体意识的觉醒

勒庞认为群体表现为一种"集体心理"，聚集成群的人们，他们的感情和思想全都转到同一个方向，他们自觉的个性消失了，形成了一种集体心理。❶群体意识是指群体中的主流意识，也可以临时形成，并经常赋予群体中的某个"领袖"或"英雄"作为利益链条中的构件，成为群体意识的代言人。❷报馆作为商业组织在中国发展数十年后，逐步产生了报业和报业同人等意识，这是报界集体心理的初步表现。在"报业"和"报界"的观念逐步为国人所接受后，报人在日常的办报活动或公共交往中，虽偶有同人交往之诉求，但仍需意见领袖在关键时刻振臂一呼，才可能真正唤醒成员的群体意识。

报界的群体意识是在报人不断的办报活动中产生的，并受到意见领袖的指引，英敛之、梁启超等报界精英在办报的同时注重运用"同人之志"唤起报人的身份认同、群体认同，并阐述报人群体的社会责任重大，应全心投入办报事业。在江苏地区，苏州报界公会由孙一衣发起，其在唤醒当地新闻记者的群体意识的过程中至关重要，后颜也介会长极力打消各报人消极态度，促成各报融合。苏州报界相继成立了"苏州报界公会""苏州新闻记者联欢会""苏州公义贩报团"等报业团体。江苏省报界联合会是由苏州、无锡的报界团体联合发起，这两县报人的群体意识较强，此前多次通过报界活动维护行业利益。

（二）地方报界的交流

报界公会组织作为当地报人和报馆之间联系的纽带，具有商业经营管理属性，其核心功能就是促进地方报界的交流，具体表现为行业内部自治，形成区域行业缘，实现同业互助，维护行业共同利益。

1904年，《简明商会章程》颁发之后，各行各业在清政府的号召下相继组

---

❶ 古斯塔夫·勒庞.乌合之众——大众心理研究[M].冯克利，译.北京：中央编译出版社，2000：16.

❷ 严解放.力量与历史：关于历史进程趋势的研究[M].上海：上海三联书店，2013：188.

建行业工会进行行业自治，用来作为政府管理的补充。报界公会在这样的环境下诞生，在其成立之初的首要功能就是行业自治。一是要制定行业规约，搭建行业管理的制度架构，例如，江苏省报界联合会的总章程及各县分会章程；二是协调行业纠纷，政府逐渐让渡一部分商事裁判权给行业公会或商会，例如，江苏省报界联合会成立之初就要求常委尽快审查《通海新报》被南通县指导委员会勒令停版七天一案；三是行业资源共享，各地报馆加入报界公会后，即可与团体成员信息共享、互通有无，掌握舆情、共同发布、扩大宣传，同时报界公会为成员报馆提供免费信息也是一种组织内部的公共服务，体现了报界公会的公共属性。

报界公会除了进行行业自治外，更须进行同业互助交流以加强团结。报界公会的成员大多为由乡镇来到城市的知识分子，他们离开故土来到新兴的城镇，加入报业，以报人作为自己的职业归属，必然希望报业稳定繁荣，方可安身立命。此外报人的日常生活脱离了故土的宗亲血缘，他们在都市的网格空间中也有精神交往的诉求，同学、同乡、同业则构建了报人群体的交往空间，报人与同业的交往在其社会交往中最为频繁，报界公会成为报人同业交往的公共空间，也承载着报人群体的情感归属。因而当报馆遭受危机之时，报界公会必然将维护报业同人利益作为团体的首要职责。

1928年，无锡《民报》副刊主编朱冰蝶于8月26日突然被县执委会宣传部长仲哲非法逮捕扭解公安局看管。在该案发生后江阴县报业公会特致函国民党中央党部、江苏省党务指导委员会，要求派员赴无锡调查，并致电无锡报界公会暨新闻记者联合会要求重视该案认真应对。❶ 同时，苏州报界协会因见报纸刊载无锡《民报》记者朱冰蝶被捕一事，颇为愤慨。苏州报界协会于26日召开特别会议，议决致电江苏省党务指导委员会，要求彻查朱冰蝶被抓一案并依法究办，并推举王伟公、陆怡然前往无锡援助。❷ 该案受到江苏省党务指导委员会重视，27日省党委特派委员会派遣特派委员李诚来无锡密查被拘真相。

---

❶ 江阴报业援助无锡《民报》案［N］. 申报, 1928-8-26.
❷ 省委莅锡调查朱案［N］. 申报, 1928-8-28.

李诚抵达无锡后即至公安局与包局长会晤,嗣后即在会客室传见朱冰蝶,朱冰蝶将当日情形进行陈述,完毕后,李诚开始审讯。❶在苏州、无锡两地报界同人的努力下,29日公安局包局长将朱冰蝶转送县政府办理,下午5时经过秦县长庭讯,谕令交保释放。无锡报界协会及新闻记者联合会,特在会所召开欢迎大会。❷

由无锡报界同人惨遭逮捕一事,苏州报业协会也伸出援手,帮助本省同业脱离囹圄这一事件,可知这一时期各地报界公会之间的交流日益加深,相互的支持与援助也日益增多,其同业互助的力量也日益强大,表明报界公会的社会活动能力日趋强大,这有助于报界公会活动领域的扩张。

(三)报界发展深受时局环境的影响

报界公会组织的成立与发展及相关社会活动深受时局环境的影响。戊戌变法时期,清政府看到报纸在信息传播、开启民智等方面的作用,改变了禁止民间开办报纸的政策,在颁布的变法诏令中"允许自由设立报馆、学会"❸,这一诏令促成早期报刊报馆的设立及同城报界公会的成立。此时,江苏各地报界公会之成员报馆运用旗下报刊积极宣传立宪宗旨、传播立宪知识、监督立宪进程,报界公会作为社会系统的传播枢纽,影响舆论,牵动时局。庚子之变后,为了稳定政局,清政府开始实施"更法令、破旧习、求振作、议更张"的新政,其间颁布了《大清印刷专律》等一系列法律来对报业进行规范,这为晚清江苏报业发展提供了制度保障。

辛亥革命爆发时,江苏省报界公会组织积极参与,投入改变政治格局、重构民族国家的浪潮中,为辛亥革命的成功和民国政府的建立营造积极的舆论环境。辛亥革命后,南京临时政府颁布《中华民国临时约法》,其中规定"人民有言论、著作、刊行及集会结社之自由",在法律上肯定了自由办法。江苏报业也在此机遇下出现了创办的高潮,各县报界公会也相继成立,全省迎来发展

---

❶ 省委莅锡调查朱案[N].申报,1928-8-28.
❷ 朱冰蝶昨已释放[N].申报,1928-8-30.
❸ 国家档案局明清档案馆.戊戌变法档案史料[M].北京:中华书局,1958:480.

的黄金期。但不久袁世凯为称帝开始对舆论多方钳制，造成了报业史上有名的"癸丑报灾"，这一时期江苏报业也进入低谷。1916年报禁稍弛，江苏报业开始复苏。

1927年南京国民政府成立后，政府为了加强专制统治，对新闻业进行了严密的监管和钳制。此时正是报界公会发展的高峰期，因而对国民党的新闻监管进行了强烈的抵抗。1929年，党政军联合检查处滥用职权，随意删除新闻内容，妨害新闻记者业务，摧残舆论精神。苏州各报代表于7月2日举行联系会议，共有11家当地报馆派代表参会，一致议决自3日起，一致停版，要求撤销联合检查处，并组织苏州报界为反对党政军联合新闻检查处运动委员会。❶ 随后，苏州报界在苏州青年会邀请各机关团体代表会谈此事，并决定致函中央宣传部，呼吁取消党政军联合检查处。县党部于5日下午召开党政军临时会议，最终决定撤销新闻检查处。各报为庆祝反对新闻检查之胜利，一致决议6日发行红报以示庆祝。❷

1931年"九一八"事变后，中国社会陷入民族危亡的最艰难时刻，在此民族危亡之际，新闻界在报界公会的领导下引导舆论扩大宣传，联络各界捐资救国，团结民众众志成城抵抗日寇，为最终的抗战胜利做出贡献。

---

❶ 苏报界停版反对检查［N］. 申报，1929-7-4.
❷ 苏报界议决先行复刊［N］. 申报，1929-7-5.

南京国民政府初期的上海新闻记者联合会

赵建国 *

伴随近代报业发展，作为新式职业群体的新闻记者，尝试加强"新闻业的合作运动"，组建新闻团体，构筑职业共同体，"报馆和报馆，记者和记者，彼此竞争，但是与全体有关系的方面，没有不合作的，所以有报馆公会，报馆主人协会，和新闻记者俱乐部等"❶。一般而言，以"职业"为依托的各类新闻团体，往往体现职业意识和群体意识自觉，以及职业身份认同和职业协作的强化，"新闻团体有此起彼伏乍分乍合的现象，然正足以证明新闻界同仁确有力求互助协作的信心"❷。尤其值得注意的是，1926年年初国民党"二大"通过《关于宣传决议案》和《关于党报决议案》，有意组建党报网络，"实现宣传的统一"❸。在"革命"和"统一宣传"的旗帜之下，新闻界被迅速动员起来，各地新闻从业者纷纷筹建新闻团体，进入一个团体"大觉醒"的时代，新闻界协作、职业共同体建构，以及集体行动方式都呈现显著变化。1927年4月筹建的上海新闻记者联合会❹，即是典型案例。该组织不仅"为本身的利益而集

---

* 赵建国，暨南大学新闻与传播学院教授、博士生导师。
❶ 新闻业的合作运动［J］. 记者周报，1930（15）：3.
❷ 潘觉民. 我国新闻界协作运动的回顾和前瞻［J］. 报学季刊，1934（1）：69-72.
❸ 关于宣传决议案［N］. 政治周报，1926-04-10.
❹ 段勃《上海新闻记者联合会与〈记者周报〉》（《传媒观察》2010年第9期）一文，开宗明义指出"上海新闻记者联合会成立于1921年11月9日"。这一判断显然有误，1921年成立的是"上海新闻记者联欢会"，而非"上海新闻记者联合会"。

合"，致力于职业合作，创办专业期刊，强化同业联系，"使我们知道能站而应该站的地方，并且使一地的和全国的服务报界的人们，从精神上联络起来"❶，而且积极"参加民众团体的各种运动，甚且直接的为整个的新闻记者的利益而做政治运动"❷。

就历史实情而言，上海新闻记者联合会及其系列活动，可视为南京国民政府初期政治力量"运动"新闻界的表征，说明政治意识形态成为推动新闻记者组建职业团体的主导因素❸，新闻团体亦从一般社会团体演化为"人民团体"与"自由职业团体"，构成民众运动的重要组成部分。由于资料限制，已有研究很少注意这一代表性样本❹，相关论述往往聚焦新闻职业化❺，忽略新闻职业共同体的新转机与新动向。基于此，本文在收集各类报刊、档案、回忆录等资料的基础上，梳理上海新闻记者联合会的来龙去脉，借此探究南京国民政府初期新闻职业共同体的重构及其限制，审视新闻界职业协作的趋势和困局，以便深入理解新闻职业团体和国民党政权的多元互动。

一、筹建与改组

1921年成立的上海新闻记者联欢会，是中国记者群体组合之开端，颇具标志性意义。❻在社会各界联合反抗《出版法》《印刷附律》的过程中，该组织表

---

❶ 戈公振.发刊的希望[J].记者周报，1930（1）：1.
❷ 张静庐.中国的新闻记者与新闻纸[M].上海：现代书局，1932：76.
❸ 张继汝.职业共同体的再起与难局：以1923年北京新闻记者公会的酝酿为中心[J].新闻与传播研究，2018（1）.
❹ 相关成果主要有赵建国《近代上海新闻团体的兴起与发展：以新闻职业化为视角》，复旦大学新闻学院博士后出站报告，2008年；徐基中《上海新闻记者团体研究（1921—1937）》，华中科技大学博士学位论文，2016年。
❺ 参见特里·纳里莫.中国新闻业的职业化历程——观念转换与商业化历程[J].新闻研究资料，1992（58）：178-190；徐小群.民国时期的国家与社会：自由职业团体在上海的兴起（1912—1937）[M].北京：新星出版社，2007；田中初，余波.职业团体与新闻记者职业化[J].新闻大学，2016（3）；虞文俊.规范与限制：国民党新闻团体政策之考察（1927—1937）[J].现代传播，2017（7）.
❻ 张静庐.中国的新闻记者与新闻纸[M].上海：现代书局，1932：76.

现软弱，这让新闻从业人员倍感失望。为谋自身福利及互相团结起见，上海新闻记者群体开始筹建全新的职业团体。"记者联欢会已久不联欢，无形中已等消灭，且记者联欢会范围太广，会务不能专，因之遂有人另行组织。而关于日报记者，则有记者公会之发起……至通信社记者，则另组通信社记者联合会。"❶

上海新闻记者群体的动议绝非偶然，其实深受民众运动影响。1924年国民党实行改组，"重视并开展民众运动"❷。短短两年时间内，成效就已显现，引发"社团革命"，农民协会即"大有一日千里之势"❸。如火如荼的民众运动和结社高潮，很快波及新闻界。1926年9月，广州新闻记者组建广州新闻记者联合会，呼吁同业深刻反思，"我们广州市新闻记者，从来是很散漫没有系统的组织及团结，实在系一个大缺点，在此革命进行程序中，更形缺憾。因为没有团结，是以对于革命工作没有充分的贡献，对于宣传党义没有一致步伐，不能尽量的领导人民，走国民革命的道路"❹。同年12月，长沙市新闻记者联合会宣布成立，而且"由长沙市新联会，扩大至各县各市，成立一很大的新闻团体，再与各省新闻界携手，共同努力国民革命"❺。在该组织推动下，湖南全省新闻界掀起组建新闻团体的热潮，到1927年2月底，"全省已有20多个县市成立（新闻记者）联合会"❻。此外，武昌、南昌、梧州等地新闻界，在国共合作引导下纷纷聚合❼。这意味着，新闻记者逐渐成"动员"对象，在"革命"旗帜下重新聚集起来。

在这样的背景下，1927年3月，四十多位上海新闻记者共同议决，先由各日报社与通信社记者分别组织起来，然后再联合组建新闻记者公会。❽按照

---

❶ 通信社记者联合会之搁浅［N］.福尔摩斯，1927-4-23（3）.

❷ 朱英.商民运动研究（1924—1930）［M］.北京：北京大学出版社，2011：31.

❸ 全国农民协会统计表［J］.农民运动，1926（1）：20-21.

❹ 新闻记者联合会成立大会［N］.广州民国日报，1926-10-11（10）.

❺ 新闻记者联合会成立盛况［N］.大公报，1926-12-13（6）.

❻ 湖南省地方志编纂委员会.湖南省志·第20卷·新闻出版志（报业）［M］.长沙：湖南出版社，1993：447.

❼ 赵建国.清末民初武汉新闻团体的演变：以新闻职业化为视角［J］.广东社会科学，2014（4）.

❽ 筹设上海新闻记者公会［N］.申报，1927-3-14，3（10）.

这一计划，记者们迅速分头行动。经过多次协商筹备，"上海日报记者公会"在3月19日举办成立大会，《申报》《新闻报》等报馆记者六十余人到会，潘公弼担任主席，组织与会者讨论章程，选举职员。❶随即，上海日报记者公会召集两次执行委员会议，通过系列决议案，并完成制定委员会细则和选举委员等手续，为创建新组织提供了较为充足的条件。❷

与此同时，各通信社记者则积极筹备"上海通信社记者公会"，决定采取委员制，并推定章程起草员，商议进行步骤。❸3月22日，上海通信社记者公会如期召开成立大会，三十五位通信社记者到会，讨论章程、宣言与政治主张，并选举潘竞民、汤德民等人担任执行和监察委员。❹成立后不久，上海通信社记者公会发表公开宣言，要求废除"一切束缚言论出版之苛法"，主张新闻界有权自由采访，不接受"军法裁判"，而且国家权力机关应该"按规定时间接待记者"，允许记者"免费使用公共交通机关"❺。这类宣言明确表达了上海记者群体对言论自由的向往，他们期待改善职业地位，实现职业自由。

但世事难料，在动荡的政治风暴中，上海日报记者公会与通信社记者公会相继解散，记者们未能按照原定计划，组建一个较大规模的上海新闻记者公会。据张静庐分析，新闻记者公会流产的原因在于政治局势大变动，"当时的上海，处于军事的混乱之下，所以日报记者公会中的一家报馆（《新申报》），随孙传芳的败退而告消灭；通信社记者公会之中的一家，因随清党运动而改组了。这样的同步的组织自然难免于失败"❻。不过，《时报》意见迥然不同："日报记者公会成立以后，各记者寂无举动，颇类无形消减。"❼而且，"同一性质之团体"竟分作两种名目，"识者无不目为奇事"❽。因此，上海新闻记者只能

---

❶ 日报记者公会昨日成立［N］.时报，1927-3-20，2（5）.
❷ 日报记者公会委员会纪［N］.申报，1927-4-6，4（15）.
❸ 通信社记者公会开始组织［N］.时报，1927-3-16，2（5）.
❹ 通信社记者公会成立［N］.民国日报，1927-3-25，2（2）.
❺ 通信社记者执委会［N］.民国日报，1927-4-3，2（2）.
❻ 张静庐.中国的新闻记者与新闻纸［M］.上海：现代书局，1932：79-80.
❼ 记者联合会成立［N］.时报，1927-4-30，2（8）.
❽ 淹无生气之新闻记者联合会［N］.福尔摩斯，1929-7-20（3）.

另谋出路，再次重组职业团体，建构新的凝聚中心。

1927年4月12日，新闻界同人陈德征、胡仲持、严慎予、顾执中、金华亭、金雄白、潘竞民等聚集开会，一致主张"为记者本身谋利益起见，不能不有一团体，联合各日报、各通讯社、各杂志记者，共同努力"。在场新闻记者联合签名，发起"上海新闻记者联合会"，议决在第二天召集筹备会议。❶因为时局动荡，筹备会议推迟到4月24日。与会者推举何西亚、严慎予负责起草章程，预定4月29日召开成立大会，"凡入会者请于是日亲自赴会签名加入，其志愿加入而届时不克赴会者，可以书面报名"❷。

根据原定方案，1927年4月29日，上海新闻记者联合会举行成立大会，《民国日报》《申报》《新闻报》《商报》等报馆与通信社的五十九名记者到会。❸为保证顺利运行，成立大会的第一要务是选举职员，初步建立组织机构。通过票选，产生监察委员、执行委员和候补委员。❹随后，成立大会讨论并通过《上海新闻记者联合会章程》，对名称、宗旨、会员资格、组织机构、权利与义务等作了全面规定。依据章程，新组织定名为"上海新闻记者联合会"，以"发展新闻事业、增进舆论威权、拥护国民利益、保障新闻记者生活"为宗旨。会议的临时提案，能很好体现组织宗旨和目标。比如，胡仲持、冯柱石、冯都良等人提出"各日报每星期停刊一日案"，引发与会者共鸣，获得全票通过。经过协商，该提案被修改为"新闻记者星期日一致休息案"，由胡仲持、何西亚、康通一、顾执中、张振远担任代表，与各报馆接洽。❺其实，这一提案可以追溯到1920年5月，当时全国报界联合会在广州召开第二次常会，徐天啸就提出了"日报星期停刊案"，建议报界实行星期天停刊制度，尊重记者

---

❶ 新闻记者联合会之发起[N].民国日报,1927年4-12,2(2).
❷ 记者会成立有期[N].民国日报,1927-4-25,3(1).
❸ 记者联合会成立[N].时报,1927-4-30,2(8).
❹ 监察委员：范敬五、康通一、严独鹤、张君璞、严谔声、金华亭、汤德民；执行委员：严慎予、蒋剑侯、陈冰伯、张振远、何西亚、潘竞民、叶如音、顾执中、管际安、胡憨珠、胡仲持、周孝庵、杭石君、张静庐、朱雨轩；候补委员：金华亭、严谔声、章旦华、李子宽、范敬五.《记者联会首次执委会[N].民国日报,1927-5-4,3(2).
❺ 记者联合会昨日成立[N].申报,1927-4-30,5(14).

作为精神劳动者的权利和人格。❶ 类似提案反复出现，表明民国时期记者群体已经从劳动者的角度，进行自我认识与定位，重新评估自己的角色与功能，展示新闻界内部分工和分化。这一认知变化与近代上海新闻业的现代企业化趋向关系密切，报馆规模日益扩大，管理不断专业化，但"我国今之营新闻业者，对于记者地位之观念，尤有轻视冷酷之习性"。有鉴于此，不少新闻记者希望依靠团体组织，实现互助，保障职业生活与地位。❷

从章程来看，上海新闻记者联合会试图创设完善的机构：会员大会、执行委员会、常务委员会、监察委员会、专门委员会等。而且，章程对选举办法、任职原则等规定非常细致，说明上海新闻记者联合会基本上遵循近代社团的民主原则。比如，机构成员都由选举产生，"各部得各设主任一人，由执行委员互选"；连任与兼职均有限制，"执行、监察两种委员任期均为半年，连选得连任，但不得过三次"。另外，章程还对会员资格、入会程序、权利和义务等作出明确界定：所有会员都由监察委员会审查资格，然后提交执行委员会通过；入会标准是现任的上海各日报记者、各通信社记者、各日报之普通访员、外埠各报馆或通信社驻沪之特约通信员；入会之后，会员享有公会保护之权、介绍职业之权、选举权与被选举权，同时必须承担遵守章程、维持议决案、发展会务、缴纳会费等义务。❸ 这些规定佐证，上海新闻记者联合会将努力维护组织名誉，加强行业自律，规范同业行为，相关举措有助于推进上海新闻职业化进程。

上海新闻记者联合会一经成立，就得到当局首肯，上海特别市党部秘书处认为其符合团体组织原则，准予备案。❹ 因为上海记者群体重建上海新闻记者联合会，迎合了国民党民众运动方针从"运动"到"组训"的转向。❺ 从1927

---

❶ 日报星期停刊之主张[N].民国日报，1920-5-31，3(1).
❷ 张静庐.中国的新闻记者与新闻纸[M].上海：现代书局：1932：81.
❸ 上海记者联合会昨日成立[N].民国日报，1927-4-30，2(1).
❹ 新闻记者联合会准予备案[N].申报，1927-6-26，4(14).
❺ 魏文享."党规"与"国法"：国民党民众组训体系中的社团制度分析[J].华中师范大学学报(人文社会科学版)，2014(2).

年 4 月开始,国民党颁布系列规章和法令,整顿重建民众团体的组织体系。这些颇具法团主义色彩的制度设计,赋予民众团体党化政治、业务训练的重要任务,将其视为连接政治、国家与民众关系的桥梁纽带,使其担负职业和社会整合的双重使命。而且,上海新闻记者联合会拟定的章程和议案,也符合国民政府对自由职业团体的界定,这说明新闻记者作为"自由职业者"的集体身份转化逐步得到国家认可。1929 年中央法制委员会曾讨论,是否对自由职业团体进行专门立法,最后议决"自由职业团体"如果是指商业联合会或商会,不需要制定单独的章程,但如果是指律师、医生或其他类似职业的组织,则有必要再制定相应的章程。"自由职业团体"和一般"职业团体"开始泾渭分明。及至 20 世纪 30 年代,国民政府在相关文件中将两者进一步区别开来,"自由职业团体"专指新闻记者、律师、会计师等所组成的团体,其成员亦转变为"自由职业者"❶。

更为重要的是,上海新闻记者联合会得到新闻从业者的广泛认同。《新闻报》致函联合会,表示将每月补助 30 元,以充当会费。❷ 在新闻业界和学界颇具影响力的上海新闻学会即公开承认,记者联合会是职业合作的成功范例,"为上海舆论界大可纪念之举",不仅有利于保障行业利益,而且可以实现共同研究,指导社会发展,统一宣传主张。❸ 为此,新闻界同人大多积极响应,踊跃入会。除最初的 59 人外,刘云舫、孙启英、沈苏约、吴健英、戴蔼庐、冯都良、吴希夷、方菊英、蒋宗义、邝筱庵、管久安等先后入会。❹ 会员人数与覆盖面大增,实际数目远远超过张静庐所统计的 82 人。❺ 另外,戴季陶、叶楚伧、邵力子、胡政之、张季鸾等多位社会名流慷慨支持,成为赞助委员。❻

这种欣欣向荣的势头,让戈公振深感欣慰:"在过去的两年中间,我觉得

---

❶ 虞文俊.规范与限制:国民党新闻团体政策之考察(1927—1937)[J].现代传播,2017(7).
❷ 上海新闻记者联合会之会费[N].琼报,1917-10-31(2).
❸ 上海记者联合会昨日成立[N].民国日报,1927-4-30,2(1).
❹ 新闻记者联会执委会[N].民国日报,1927-7-3,3(2).
❺ 张静庐.中国的新闻记者与新闻纸[M].上海:现代书局,1932:79.
❻ 记者会劝募会[N].申报,1928-11-14,4(15).

我们报界有不少的新进步,我们会里的会员,增加了这许多,就是一个明证。而且在我们会员的当中,有许多人,又曾为这次革命出过力,这是很可钦佩而又可庆幸的。"❶ 不过,戈公振演说透露出比较强烈的政治色彩,意味着上海新闻记者联合会将主动介入政治社会,借此展现职业公共性,以换取国民党政权的承认和支持。正如袁殊所言,新闻职业组织是一种"公的团体",其所持有的"社会的公益性"绝不亚于医师或律师等自由职业团体,同样都得到国家法律公认。❷

二、拓展职业协作

由于获得国家承认的合法身份,上海新闻记者联合会不断扩充活动空间,强化专业职能,推动新闻职业化进程,发展"新闻业的合作运动"。这基本符合国民党中央的指导原则:"民众团体除向帝国主义在中国的势力仍取破坏的态度外,其使命应趋重于建设工作。"❸

上海新闻记者联合会成立后的首要建设活动,是逐步完善组织机构,以便规范会务。1927年5月3日,召开第一次执行委员会,根据章程成立常务委员会,由张振远、何西亚、严慎予、蒋剑侯、张静庐五人共同负责,并推举出各部主任和干事。❹7月1日,记者联合会第五次执行委员会创设经济委员会,张振远、陈冰伯等担任委员,负责审定经济问题,公开收支报告,确定预算。❺1928年11月2日,新闻记者联合会举办年会,又设置劝募委员会、游

---

❶ 戈公振昨在记者会演说[N].申报,1928-12-23-24,4(15).
❷ 袁殊.记者道[M].上海:群力书店,1936:31-34.
❸ 《国民党中央民众训练部制定之民众团体组织原则及系统》(1928年10月),中国第二历史档案馆.中华民国史档案资料汇编·第五辑第一编·政治(三)[M].南京:江苏古籍出版社,1994:3.
❹ 文书部主任潘竞民,总务部主任陈冰伯,交际部主任叶如音,友谊部主任顾执中,游艺部主任杭石君,文书干事顾执中、蒋剑侯、胡仲持、周孝庵,总务干事何西亚、李子宽,交际干事胡憨珠、朱雨轩、管际安,友谊干事张静庐、严慎予,游艺干事张振远、章旦华.记者联会首次执委会[N].民国日报,1927-5-4,3(2).
❺ 新闻记者联会执委会[N].民国日报,1927-7-3,3(2).

艺委员会、运动委员会和基金保管委员会等机构。❶ 组织机构不断完善，为会务开展奠定了基础。

上海新闻记者联合会稳步拓展会务，不仅每月组织一次聚餐，联络同人感情，还推定叶如音编印会务录，创办专业刊物，借此推广新闻学识，提升专业素养。1927年9月，上海新闻记者联合会提议创办年刊，并推选委员负责收集、编辑、广告、印行等事宜。❷ 可惜的是，年刊没有如期出版。次年11月，记者联合会再次协商，决定筹办《时代》月刊，推定陈布雷、陈德征、胡仲持、朱羲农、马崇淦、赵君豪、吴灵园七人为编辑委员 ❸，但这份月刊也未能面世。戈公振事后反思："上海新闻记者联合会想有一种刊物，不知提议了多少次，但是到现在还没有实现。此中有两个原因：一是会员各有很忙的职务，时间上不能兼顾；一是起手计划过大，进行时容易发生障碍，所以终归流产。" ❹ 直到1930年5月18日，《记者周报》正式出版，才弥补上海新闻记者联合会的一大遗憾。

从戈公振所撰《发刊的希望》中可以看出，《记者周报》主要是为了改变报纸和记者遭遇轻视、生存环境恶劣，以及自身精神退化、责任心薄弱，职业意识淡漠、难以代表民意和指导舆论的现状。于是，上海新闻界期待借助刊物，互通声气，激发研究新闻学术的热情，进而维护职业权益。沿着这样的思路，《记者周报》注重引介新闻理论和新闻业务，提升记者的职业素养和专业化程度，并拓展新闻界同仁的社会交往网络，"盼望本报能与全国的记者们和各界民众们相见，尤盼望国内外关于新闻事业的发展都能由本报尽量介绍，使本报能当得起全国记者们前导的明灯" ❺。此外，《记者周报》致力于反抗新闻检查，主张非依法律不得干涉报纸，要求颁布一部完整的出版法，切实保障

---

❶ 记者联合会年会纪盛 [N]. 申报, 1928-11-3, 4 (14).
❷ 新闻记者联合会第一次执委会纪 [N]. 申报, 1927-9-24, 4 (15).
❸ 记者会第一次执监联席会议 [N]. 申报, 1928-11-11, 4 (15).
❹ 戈公振. 发刊的希望 [J]. 记者周报, 1930 (1): 1.
❺ 黄寄萍. 负记者的责任 [J]. 记者周报, 1930 (1): 1.

言论界❶，同时呼吁新闻界同人团结，力争新闻自由，"世间没有廉价拍卖的自由，真自由都是由奋斗争得的，所以我们希望政府对言论界要有贤明的政策，尤其希望同业自身能特别努力"❷。简言之，虽然这份周报存世时间不长，但"总算在记者本身上有些贡献"，值得"我们至今念念不忘"，是新闻职业化进程中一个标志性产物。❸

上海新闻记者联合会在维护同业利益方面，做出较多努力。为保障记者的职业生活，上海新闻记者联合会致函各报馆，要求资方体恤记者，推行"星期天休息"，函称："我新闻记者之服务，日夜辛勤，劳顿尤甚，而按诸惯例，以各报偏重营利，致每年休息之日，寥寥可数，而其所负责职，关系社会国家，至重且大。以有限之精神，为无穷之操作，管子云'劳其形者疲其神，悦其神者忘其形'，是则星期休业之为用，在个人既获精神上之调节，对于工作上自可收胜任愉快之效。"❹这种提议表明，新闻记者期待获得资方尊重，避免成为"精神的劳工"❺。而且，记联会相当注重外勤记者的采访权益。1927年8月，远东运动会开幕时，筹备处限制记者采访，"除特别指定之会场记者一人外，其余新闻记者一律不许自由出入"。上海新闻记者联合会认为这样规定不够妥当，对记者工作形成障碍，于是发函质问运动会筹备处，并推选金雄白和叶如音为代表前往交涉。❻1930年5月，全国运动会在杭州举办，上海各报派记者赴会采访，裁判员杜庭修、舒鸿滥施职权，"对于在场沪杭各报记者，声言驱逐，当众侮辱"。上海新闻记者联合会知悉后，马上致函杜、舒二人，要求他们遵守互助合作的精神，为记者提供便利，不得再次引发纠纷。❼同年6月，上海市公安局拘捕国民新闻社编辑张似旭，上海新闻记者联合会迅速召开

---

❶ 言论自由[N].记者周报，1930-11-2，25（1）．
❷ 争言论自由[N].记者周报，1930-10-12，22（1）．
❸ 施钧伯.新闻记者职业的保障[J].报学季刊，1935，1（4）：55.
❹ 记者联合会之两函[N].民国日报，1927-5-12，1（2）．
❺ 施钧伯.新闻记者职业的保障[J].报学季刊，1935，1（4）：55.
❻ 记者会质问远东运动会[N].申报，1927-8-24，4（14）．
❼ 记者会警告杜舒[N].申报，1930-5-6，3（10）．

临时紧急会议，讨论营救方案，并委派会员顾昂若、夏伯训调查实情。❶ 随后，记者联合会协同国民新闻社社长李才、《密勒氏评论报》鲍威尔等人，多方奔走呼吁，迫使警方"特别优待"张似旭，最后恢复其人身自由。❷

需要特别提及的是，上海新闻记者联合会相当重视化解劳资纠纷，维护正常工作环境，保障同业切身利益，将其视为强化职业整合的重要举措，《时事新报》裁员纠纷案即为佐证。南京国民政府统治初期，新闻界所处环境复杂，内外矛盾交织。1931年10月29日，《时事新报》因经济拮据，裁减16名职员。由于被裁编辑多为上海新闻记者联合会会员，该组织断然不能袖手旁观。11月2日下午，记者联合会召集执行委员会紧急会议，杭石君、戈公振、蒋剑侯等常委出席，讨论援助办法。会众推选杭石君、朱应鹏为代表，规劝《时事新报》报馆总经理张竹平，协商解决办法，并决定必要时召开全体会员大会，共同讨论应对方案。❸ 记者联合会本着互助协商的精神，连日调停各方，试图使劳资双方有所让步，但很难协调一致。11月8日，该组织不得不召集紧急会员大会，商讨办法，到会者百余人。山穷水尽之际，忽然柳暗花明。《时事新报》报馆出人意料地致函新闻记者联合会，表示愿意让步，同意所有被裁人员复职。不过，《时事新报》编辑部同人心灰意冷，决议集体辞职，情形颇为悲壮："兹以心力交瘁，维护乏术，用特专函辞职……事非得已，诸希鉴谅。"❹ 整体来看，在《时事新报》裁员纠纷案中，报馆当局成为大赢家，编辑和记者明显处于从属地位，相当尴尬。作为自由职业者的记者，并没有获得实质性自由。

这种状况引起记者们不满。在协调纠纷的过程中，国闻通讯社负责人汤德民就提议，将记者联合会改组为新闻记者公会。❺ 这一提议得到多数会员的同意。11月11日，上海新闻记者联合会召开临时会员大会，到会者五十余人，

---

❶ 张似旭被拘[N]. 申报，1930-6-26，4（14）.
❷ 张似旭恢复自由[N]. 申报，1930-11-1，4（16）.
❸ 时事新报裁员纠纷讯[N]. 申报，1931-11-3，3（10）.
❹ 记者会会员大会[N]. 申报，1931-11-12，4（15）.
❺ 记者会临时执委会议[N]. 申报，1931-11-7，4（16）.

议决改组为上海新闻记者公会。❶ 由于汤德民是上海市党部的重要成员，新任章程起草员全部为国民党党员❷，上海新闻界被"党化起来"的危险加剧。两年后，上海市新闻记者公会在一份复函中，再次证实改组原因是："本会成立之初，原系由上海新闻记者联合会改组，当时以援助《时事新报》无故裁退职员，欲求团体本身取得法律上之依据，俾益巩固其内部之团结，增进组织上之健全，故有改组之决议。"❸ 进一步深究，即可看出《时事新报》纠纷案仅仅是改组的直接动因之一，关键因素在于，只有遵照国民党政权《人民团体组织方案》等社团政策的调整要求，依法重组之后，各新闻团体才能取得合法地位。这无疑表明，南京国民政府的社团制度和新闻团体政策，只是维系统治的策略。

综合起来看，上海新闻记者联合会通过拓展会务，创办专业期刊，传递业界动态和新闻知识，维护职业权益，联络本地乃至全国的新闻人，进而重塑职业共同体，建构"记者网络"，振奋职业精神，较好巩固了上海新闻界和新闻职业社团在全国的引领地位。诚如黄寄萍所说："上海是全国舆论的中心点，是新闻事业的策源地，上海新闻事业的盛衰，与全国报业有直接的影响，上海新闻记者的言论，并以转移全国民众的视线……就上海的新闻记者而言，组成了一个团体，不是开会、聚餐、联欢，就算尽了责任，应该想如何使全国的记者精神集中起来，如何可以提高全国记者的地位。"❹

遗憾的是，上海新闻记者联合会在提升群体内聚力、改善职业地位、实现职业整合等方面，都存在一定的局限性，《时事新报》纠纷案中的无奈即为显例。对此，历来被边缘化的小报揶揄道："当时选出之执行委员，均系一时知名之士，初以为新闻记者团结以后，在社会地位益增声价，孰意诸大委员，类皆挂名，未尝有人认真负责，一年以来，毫无建树，社员退出大半……上海新闻记者之无团结力，于兹益信。"虽然这类评论言过其实，但也道出部分实情：

---

❶ 记者会会员大会[N].申报，1931-11-12，4（15）.
❷ 徐基中.上海新闻记者职业团体研究（1921—1937）[D].武汉：华中科技大学，2016：39-40.
❸ 时报全体退会会员复新闻记者公会函[N].时事新报，1933-3-26，3（1）.
❹ 黄寄萍.负记者的责任[J].记者周报，1930（1）：1.

"上海新闻记者,向来各自为政。"❶多年后,还有报界同仁感慨:"照过去的事实来讲,报工于自身的利害和组织的严密,似乎比记者们来得有精神,有实力。"❷这种局限部分来自国民党政权对新闻团体的法团主义管理,政治干预不断指引新闻职业团体参与社会公共事务,同时削弱了其职业自主性,致使新闻界协作的成效大打折扣。

三、参与政治社会事务

徐小群曾推断说:"在20年代的最后几年里,或许是由于国民党加强对社会团体的监控,上海新闻记者联合会继续保持低调姿态,远离政治。"❸揆诸史实,此论有待商榷。作为完全重组的新闻职业共同体,上海新闻记者联合会虽然低调,但绝非远离政治社会。复旦大学新闻系学生、上海"记者座谈"参与者施钧伯即认为,上海新闻记者联合会是"更有进步的一种组织",积极参与各类政治社会事务。❹这表明新闻界已经被"动员"起来,成为民众运动的重要组成部分。

在倡议和筹备阶段,上海新闻记者联合会就试图超越职业局限,彰显政治与社会关怀。通信社记者公会的成立仪式,具有突出政治倾向,会员向国民党党旗行礼,并追悼阵亡将士,静默五分钟。在讨论和通过章程后,会员继续讨论宣言和政治主张,所发表的宣言几乎就是一篇政治檄文:"我记者同业,不能不进求坚固的严密的团结,以迎民族的空前之怒潮,贯彻民族的光大之主旨,此本公会之所由设也。继此以往,我公会记者在国民政府指导之下,司民众喉舌之责,一方谋社会平均的进步,一方谋新闻事业之发展。"❺显然,这样

---

❶ 淹无生气之新闻记者联合会[N].福尔摩斯,1929-7-20(3).
❷ 黄寄萍.希望报工[N].申报,1937-3-26,3(12).
❸ 徐小群.民国时期的国家与社会:自由职业团体在上海的兴起(1912—1937)[M].北京:新星出版社,2007:275.
❹ 施钧伯.新闻记者职业的保障[J].报学季刊,1935(4):56.
❺ 通信社记者公会成立会纪[N].申报,1927-3-24,3(12).

的选择契合时局，顺应民众运动勃兴，新闻团体日益"革命化"和"党化"的整体趋势。1926年成立的广州市新闻记者联合会就宣称："我们要宣扬我们革命的真谛，所以要集合革命先导的同人……这就是我们组织的意义。"❶ 长沙市新闻记者联合会也宣告："今兹联合会之组织，即发扬我新闻界之固有敢作敢为、不屈不挠之特性。而力求革命化与党化之普遍与实现，然后本此整个团体，以加入农工商学联合广大战阵，并力一心与帝国主义为敌。"❷ 新闻即"政治的幻象"，在这一时期展露无遗。

为"统一宣传策略"，上海新闻记者群体重建职业团体，便成为时势要求，并得到政治当局支持。上海新闻记者联合会的组织监察委员张君璞、严谔声、金华亭、汤德民，执行委员严慎予、陈冰伯、张振远、管际安、叶如音、张静庐、何西亚等都是国民党党员，成立大会还特意函请市党部派遣代表列席。❸ 而且，上海新闻记者联合会对国民党采取合作态势，1927年5月11日，该团体致函国民党中央政治会议，主动要求参加上海市参事会："敝会为上海新闻界正式组织之职业团体，对于上海市政，有随时恺陈利害之责。爰经开会集议，金认敝会对于上海市参事会，应有参加之权利。"❹ 因此，上海新闻记者联合会成立后，国民党要员戴季陶、叶楚伧、邵力子等立即赞助会务，这与长沙、武汉等地的情形极其相似。长沙新闻记者联合会与国民党湖南省党部过从甚密；武汉新闻记者联合会从倡议到筹备，再到创建和重组，政治干涉都一以贯之，几乎沦为政治势力的延伸。❺

不过，上海新闻记者联合会的"政治运动"主要侧重国民外交，维护民族权益，颇有"报刊民族主义"色彩。1927年5月，上海新闻记者联合会执行委员会公开发表宣言，告诫英国驻华公使，应尊重中国社会舆情，改进中英关系。该公告指出，促进中英邦交，首先要意识到"中英两国有相互利益关系"，

---

❶ 广州新闻记者团筹备近讯[N].广州民国日报，1926-9-3，3（10）.
❷ 长沙市新闻记者联合会宣言[N].大公报，1926-12-10（2）.
❸ 记者会成立有期[N].民国日报，1927-4-25，3（1）.
❹ 记者联合会之两函[N].民国日报，1927-5-12，1（2）.
❺ 赵建国.清末民初武汉新闻团体的演变：以新闻职业化为视角[J].广东社会科学，2014（4）.

而且只有维持中国行政完整，才能保障双方利益。为此，英国理应"取消中英间一切不平等之条约；撤销英国在华领事裁判权；恢复中国关税自主；无条件归还英国在华各租界；撤退驻华英军；立即撤去上海铁丝网等障碍物；禁止一部分英人维持成见，侮蔑华人"❶。这一公告表达了当时国民党和中国社会的普遍诉求，民族情感相当浓厚。不仅如此，上海新闻记者联合会还推派叶如音参加上海各团体发起的"撤废英国领事裁判权运动"，立场鲜明。❷对此，英国公使让秘书白纳德专门复函记者联合会，在为英国对华政策辩护的同时，"极表同情"上海新闻界的声明和主张，希望中英两国达成谅解。❸

济南惨案发生后，上海新闻记者联合会即刻联络《申报》《新闻报》《时事新报》《时报》《中央日报》等报馆，讨论宣传办法。与会者议决组建各报馆联合机关——上海各日报临时联合办事处，《中央日报》为常务委员，其他报馆各派二位代表列席会议，共同应对。此外，记者联合会协同各报馆，联名致电中央党部及国民政府，要求将会议结果和各种文告随时电告上海各报馆，以利宣传："上海新闻界，目睹日方反宣传之热烈，一致愿秉承中央之指导，为更充分之宣传，为此联名电恳钧会钧府……尤恳对各报驻宁记者，不限时刻，供给以充分之材料，以利宣传而纾国难。"❹

随即，上海新闻记者联合会参加反抗日军暴行委员会，筹设救国基金。❺会员陈德征、严谔声是反日暴行的活跃分子，一度列席各界反日暴行会的第五次执委会，陈氏还当选为会议主席。❻会员张振远也曾代表记者联合会，参与反日暴行会保管基金委员会的相关活动。❼而且，上海新闻记者联合会还努力揭示事件真相，激发民众的爱国热情，并争取国际舆论支持。该组织成员康通一、顾执中、赵叔雍、金雄白等，携手美国记者马克、《密勒评论报》鲍威尔、

---

❶ 记者会正告英使［N］.民国日报，1927-5-28，3（2）.
❷ 新闻记者联合会第六次执委会［N］.民国日报，1927-6-3，3（2）.
❸ 英公使复两团体函［N］.申报，1927-6-3，4（13）.
❹ 上海报界对济南事件之会议［N］.申报，1928-5-7，4（14）.
❺ 反抗日军暴行委员会筹创救国基金［N］.申报，1928-5-23，4（13）.
❻ 各界反日暴行会执委会纪［N］.申报，1928-5-24，4（13）.
❼ 记者临时执监委会议［N］.申报，1928-12-9，4（15）.

《上海法文报》耶拿及新闻摄影家拉伏欧等人，共同组成"上海新闻记者济案视察团"，前赴济南，进行实地考察。❶ 考察结束后，中外记者联名发表《上海中外记者团胶济观察记》一文，详细披露济南惨案内情，客观翔实地记录了日本帝国主义的罪行，较好声援了国民政府。❷ 中外记者团体不顾个人安危，冒险进行实地调查，展现优良的工作作风，为同业树立了榜样。

"九一八"事变前后，上海新闻记者联合会再次展示民族情怀，表现较为出色。1931 年 9 月 26 日，为纠正国际舆论的偏见，赢得理解和支持，上海新闻记者联合会特意招待各国驻沪记者，报告事件原委，谋求宣传上之联络，使"世界各国朝野之目光，勿为日人一手所掩蔽"❸。此次招待会得到热情回应，雷米亚、邝达、福禄登、埃萨克士、蒲罗士、史沫特莱、马莱司、斯诺、考克士等外国记者，以及张竹平、董显光、汪伯奇、许建屏、汪英宾等中国记者，共五十余人出席，颇具规模。与会外国新闻记者纷纷表示同情中方立场，宣称："此次满洲事件，日本难辞其咎，将来公理定能战胜一切。"❹ 这类维护国家主权的公关与宣传活动，配合国民政府外交举措，有力回击了日本新闻界颠倒黑白、混淆视听的虚假报道，是争取国际话语权的有益尝试。

上海新闻记者联合会的对外新闻宣传，不仅出于民族情感的驱动，而且自愿"秉承中央之指导"❺。换言之，该组织是以合作者身份，在国民党政权设定的框架内，参与反帝运动，与其他新闻团体的主张相当接近，都刻意强调"对帝国主义更保不妥协之精神与之作殊死战"❻。这也意味着，上海新闻记者联合会和上海会计师公会等其他自由职业团体一样，将专业知识与政治社会担当结合在一起，反映近代中国民族身份的发展和国家的独立自由。媒体外交的兴盛，则促使国家与民众间的联系变得紧密，努力塑造"现代中国"，说明南京

---

❶ 各国新闻记者赴济调查[N].申报,1928-7-9,4(15).
❷ 上海中外记者团胶济观察记[N].申报,1928-7-21,3(9).
❸ 记者会今日招待西报记者[N].申报,1931-9-26,4(13).
❹ 记者会招待各国驻沪记者[N].申报,1931-9-27,4(14).
❺ 上海报界对济南事件之会议[N].申报,1928-5-7,4(14).
❻ 济报界联合会成立[J].记者周报,1930(15):2.

国民政府以法团主义原则管理新闻团体的政策取得初步成效，上海新闻记者联合会愿意在制度内活动，接受合作、互动和交换的基本规则，成为国家和社会联合的纽带。

四、结语

就上海新闻团体内在发展逻辑而言，1921年组建的上海新闻记者联欢会是"全国新闻记者的组合的嚆矢"❶，上海新闻记者联合会则是对上海新闻记者联欢会的继承和重构。这种继承首先表现在上海新闻记者联合会对新闻界协作的坚守。在新闻团体普遍政治化的情形下，记者联合会依然致力于职业合作，提升记者专业化水准，维护职业权利，颇具新闻专业主义色彩。而且，该组织以《记者周报》为中介，聚合新闻同业，为构建全国性"记者网络"和公共交往空间，做出较多贡献。❷ 这类情形佐证，由于新闻环境宽松，商业报刊发展充分，近代上海新闻职业化程度明显优于其他地方，上海记者群体是比较典型的"自由职业者"，职业专门性相对突出。因此，上海新闻记者联合会的系列活动，虽然成效不佳，却是近代新闻界协作和新闻职业化的典型样本。

值得注意的是，上海新闻记者联欢会主要局限在新闻界内部交流，基本与政治无涉，"数年之前，虽有上海新闻记者联欢会之组织，然除聚餐以外，别无所事"❸，而上海新闻记者联合会时常参与政治社会事务，展现强烈的职业公共性。这与国民革命推进、媒介政治化关系密切，尤其是国民党政权定都南京后，正式提出"以党治报"和"党化新闻"，强调"（党报）以同业的资格，与一切非党报联络，指导他们，纠正他们……要同化环境，切不可为环境所同

---

❶ 张静庐. 中国的新闻记者与新闻纸［M］. 上海：现代书局，1932：76.
❷ 该报表示："本刊为本会公共刊物，深盼各个会员均能以本人对于新闻事业一切问题之意见，以本刊为媒介，而传播于本会同人及外埠报界同志，兼以促进本国新闻事业之进步。"《会员诸君鉴》，《记者周报》1930年第3号，第4页.
❸ 淹无生气之新闻记者联合会［N］. 福尔摩斯，1929-7-20（3）.

化",使"新闻界党化起来"❶。在"党化"原则指引下,南京国民政府积极指导与监督新闻界的结社组团,将其纳入训政框架,以"对全国新闻界作有效之统制"❷。于是,新闻团体进入"黄金时代",形成发展高峰。"迨民国十七年国民军北伐完成,国民党统治全国,由各地党部指导组织的新闻记者联合会,一时如风起云涌,在县有县新闻记者联合会,在省有全省新闻记者联合会,在市有市新闻记者联合会。"❸要言之,南京国民政府成立前后,政治意识形态成为组建新闻记者团体的主要推动力,而参与民众运动则成为新闻记者群体的不二选择。在相当程度上,这成为政治力量"运动"新闻界,以及国民党政权"党化新闻界"的重要表征。

在推动记者群体重构职业共同体之后,国民党政权"素极重视",将各类新闻团体看作"自由职业团体的中坚"❹,并依据法团主义管理原则,试图通过新闻职业团体与政治国家的多元互动,实现职业和社会整合。不过,政治干预明显削弱了新闻记者的职业自主性,使之缺失必要的独立性,导致上海新闻界的职业意涵没有充分展示,最终抑制职业认同,阻碍新闻界协作运动和新闻职业化进程。"上海为全中国舆论之中心,组织之新闻记者联合会,宜可如火如荼矣,不图凄凉乃一至于斯也。联合会网罗各报馆通讯社记者百余人,而此百余会员,仅照例每月付会费一元,其外所负责任若何,向不顾问……会中负责人员,亦向不负责。"❺为此,上海新闻记者联合会被迫在1932年再次改组,但潘觉民却事后预言:"过去以组织团体为进行协作的方法,是不能不加以严密的考虑,因为过去所组织的团体,在事实上已归于失败……如果再从这已遭遇失败的途径中去进行协作运动,我想也许是难见成效。"❻这无疑表明,过多的政治干预致使新闻界难以实现职业协作,通往新闻共同体的道路尤为艰辛曲折。

---

❶ 郑国材.怎样办党报,宣传工作.广州:国民党广东省党务指导委员会,1928:60.
❷ 马光仁.中国近代新闻法制史[M].上海:上海社会科学院出版社,2007:175.
❸ 潘觉民.我国新闻界协作运动的回顾和前瞻[J].报学季刊,1934,1(1):71.
❹ 邵力子.十年来的中国新闻事业[M]//中国文化建设协会.十年来的中国.上海:商务印书馆,1937:491.
❺ 满目凄凉之记者联合会[N].正气报,1931-5-19(2).
❻ 潘觉民.我国新闻界协作运动的回顾和前瞻[J].报学季刊,1934(1):72.

王完白与上海市无线电播音业同业公会
（1934—1949）

艾红红[*]

中国民营广播业在1930年后进入第一个爆发期，其主要表现就是民营电台作为一个新兴行业在各大中城市的发展，以及相关从业人员的增加。民营电台和广播从业者的数量增长，意味着一个新的职业群体出现。在上海，民营无线电播音业同业公会于1934年获政府批准设立，成为该地区民营广播业最具代表性和权威性的行业组织。而福音电台王完白医师作为该组织成员公推的"领袖"，在代表公会上通下联、跨界沟通等方面均发挥了重要作用。

一、命运多舛的上海市民营无线电播音业同业公会

在上海的民营电台中，亚美无线电公司较早认识到行业组织的重要性，"屡拟联络（无线电）业余家，以求切磋之益，曾呈主管机关，以无明文规定而未果"[❶]。公司创始人之一苏祖国曾撰文谈自己对无线电同业组织的认识：

凡事之成功或发明，务必有相当研究与实验，尤以科学事业为甚……业余家于业余时间，孜孜于其所好，其成就之希望自多。故我国欲求科学之进步，业余家实负重大责任，而吾无线电界来日之发展，尤赖乎业余家也。但我业余

---

[*] 艾红红，中国传媒大学新闻学院教授、博士生导师。

[❶] 苏祖国. 为业余组织启事[J]. 中国无线电，1934, 3(16): 693.

家既从事于研究,各不相谋,仅择其所好而试验之,设或有人已得其究竟者,其他尚摸索于黑暗中,既费金钱,又耗时间,其不经济可知。是以非相互联络不可,而业余组织有成立之必要也。业余组织既知需要矣,其组织之纲要,与进行之目标,更非有相当之准备不可。否则易滋流弊,于前途殊多妨碍。故希业余家踊跃广赐意见,俾为大众谋学术之进步,为社会国家谋国际科学地位之光荣也。❶

正是基于这一切身体验,亚美无线电公司成为最早加入的中国播音协会会员(由开洛公司广播电台中文主任曹仲渊发起)的单位之一。亚美无线电公司自己的广播电台(XGAH)于1929年正式开播后,为了继续支持这一会员组织,经常于黄金时段免费播放播音协会的点播节目。但遗憾的是,1932年,随着上海民营广播日渐兴旺,非会员也可自由收听电台的娱乐节目,于是一些原来的会员便不再向中国播音协会缴费,各项会务活动也难以为继。对此,金康侯曾撰文剖析这种心态,认为"吾国人无论对于何事,只顾贪图便宜小费,而不肯热心巩固公众团体,无坚忍之志,致处处落于人后"❷。

1932年8月,亚美电台邀请上海及临近地区各民营广播电台相关人员50多名,参观了亚美无线电公司,并组织了一场宴请聚会。元昌电台老板张元贤在会上提议,应组织业内"联合同盟",以"联络感情暨调解电波互扰纠纷等情",并提出了组织"业内同盟"的六条意见:

(1)暂由问答汇刊编辑部代收各电台"声请加入书"或意见(须盖章签字);

(2)然后通函选举执行委员执行之;

(3)各同志与各电台(不论电力大小)如经加入当守会章;

(4)大电台留出相当时间予较小电力之电台以播音机会(此乃指电力较小之电台并非试验或业余性质者);

(5)每日提出半小时之时刻为新播音台校验,勿使在各播音台播送节目

---

❶ 苏祖国.业余组织[J].中国无线电,1934,2(17),"编者余话".
❷ 金康侯.中国播音协会之兴替,无线电问答汇刊,1932-10-10.

时有播音机电波侵入之现象发生；

（6）各播音台联合呈请当局颁布管理条例以免步以前"国华""天灵"之后尘。❶

同年10月29日，上海民营电台的第一个自发联合组织——中国播音会成立。这是一个较小范围的民间组织。在此基础上，1934年春，上述电台发起组织同业公会，并呈请中国国民党上海市执行委员会核准。5月1日，国民党上海市执行委员会颁发了上海市民营无线电播音业同业公会许可证书。11月11日，上海市各民营广播电台在上海市商会举行成立大会，凡属上海市华商经营的电台并经过交通部发给执照或登记注册者均为该会会员。

上海市民营无线电播音业同业公会成立的目的是"联络感情，互通信息"。先后参加该会的共有民营电台23家。公会设总务、组织、调查、会计、研究五科，日常会务为解决各电台相互间的问题，并为各电台上报和收转国民政府当局交办的各项事务等。会议推举福音电台总理王完白为主席，苏祖国、胡芝楣（不详）、王完白、金康侯（亚美电台）、陈子桢（国华电台）、王纬之（利利电台）、陈鞠春（东方电台）、陈懋甫（友联电台）、张元贤（元昌电台）九人为执委。陈仰乾、顾克明（在上海创办纱厂、药厂等多种实业，是上海总商会和股票商业公会会员）、李瑞九（李树德堂电台负责人，上海青帮大字辈，商界精英，在青帮和洪门的地位都很高）三人为候补执委。当天，上海市党部、社会局和市商会都派出代表，参加了揭幕仪式。

1937年上海守军撤出后，因苏祖国、张元贤等爱国人士不肯以身侍敌，先后被日军逮捕入狱。王完白及其福音电台则在孤岛继续工作到太平洋战争爆发，福音电台随即被日军侵占，王完白则继续留在上海行医。上海市民营无线电播音业同业公会实际处在解散状态，广播界群龙无首。此时孤岛的各电台一方面苟且偷生；另一方面为了在无序的竞争中取胜，纷纷压低广告价格，夸大产品质量，并迎合商家要求，只赞自己的产品，大揭他家产品的短处；而在药品宣传方面，一些电台夸大其词，贻害病人，甚至花柳病药品的广告也在电

---

❶ 张元贤. 无线电界联合之建议, 无线电问答汇刊, 1932-9-5：268.

台中播出，让听众深恶痛绝。缺少一定的行业规范，商业电台的信誉受到极大损伤。

鉴于"同业陷于对内无以团结、对外又乏人应对压迫，且事关电台业数千人员生活所系，同业等遂公决重组属会，为同业法益之联络"❶。由刘重恒❷、陈显宗❸、马襄卿❹、秦德邻❺、黄寅初❻为常务理事，并向公共租界工部局登记，属下包括28家民营电台，于1938年组成了上海市民营广播电台公会。

上海市民营广播电台公会组建后，多次召开理事会议，制定广播广告、战时募捐及播音员管理等行业规则。❼1941年2月，上海市民营广播电台公会创办《广播无线电》杂志，意在"记述准确之节目，而有助于社会人士，收听无线电之便利焉，其次，为记述无线电界同业，及播音人员等详情，使社会人士，展此一册之际，而对于最近无线电界进展情形，得以一目了然矣，复次，关于无线电学术，其进步，诚有如日新月异之感，而社会人士，从事研究于无线电者，固日趋众矣，然有志研究而无从问津者，则尤为甚多，是以本刊特设无线电问答，以便已学者，得商量精进之机会，而未学者，更可以逐步知所学，而完成其夙志矣，其如论谈、自修、常识、小说、消息、文艺、唱辞等栏，则尤为尽详细记述之责任"❽。同年7月，上海市民营广播电台公会发起投票，选举"播音皇帝皇后"❾；8月5日，公会装满两卡车的食粮和药品，赴上海南市赈济灾民，受到社会称赞。公会理事们一鼓作气，组织上海28家会员电台召开大会，成立上海市民营电台公会慈善救济委员会，公开向社会募捐播

---

❶ 上海市档案馆.旧中国的上海广播事业[M].北京：中国广播电视出版社，1985：513.

❷ 刘重恒，中华电台负责人，上海《广播无线电》总编（1941年2月创办，同年底停刊）。还有一说，是在民国二十六年十一月日军侵占上海后，部分民营电台负责人刘重恒、陈显宗、马襄卿等在日本广播监督处指使下，另组上海市民营广播电台公会，自任理事，为敌伪工作。

❸ 陈显宗，华英电台负责人。

❹ 马襄卿，大来电台负责人。

❺ 秦德邻，明远电台负责人。

❻ 黄寅初，安华电台负责人。

❼ 参见会务撮录[J].广播无线电，1941（2）.

❽ 创刊词[J].广播无线电，1941（2）.

❾ 播音皇帝皇后选举规则[J].广播无线电，1941（10）.

音。同年 12 月，上海市民营广播电台公会组织并成立了上海播音游艺从业员联谊社。

总体上看，沦陷时期的上海市民营广播电台公会还是做了一些有益的工作。但由于其成立于特殊的"孤岛"时期，没有经过南京国民政府的批复，同时一些会员电台还与汪伪政权有着千丝万缕的关系，有的则由于其负责人附逆而直接堕落为汉奸电台。如黄浦电台的负责人刘宝椿，本为洋行小职员，1937 年淞沪抗战时期，曾在大美电台管理广告账务。上海沦陷后，因大美电台的主持人惧祸出走，敌伪就把该台更名为黄浦电台，交给刘宝椿经营管理，"是为刘宝椿报身侍伪平步青云之始"❶。他在电台，也替日伪做空气中的宣传。而该台就是战后又恢复为"大美电台"名称的孤岛会员台之一。1945 年抗日战争胜利，上海光复后，上海民营广播电台公会曾上书国民党中央广播事业管理处申请复业。但中央广播事业管理处却以该会"为敌伪当道之意志推动一切，出版刊物，为敌伪工作"，"确为不合法之组织"❷为由，驳回了上述申请。

抗日战争胜利后，上海市内那些遵纪守法、劫后余生的民营电台，在悲欣交集中等候着政府的复播通知；另一些则擅自建台，播放节目和广告。为了壮大声势，1946 年 4 月 7 日，四十多家"非法"的民营电台还组织成立了上海广播电台联合会，作为民营电台的临时统筹机构。同年 10 月 11 日，经交通部核准，原"上海市民营无线电播音业同业公会"正式更名为"上海民营广播电台商业同业公会"。上海市党部、社会局和市商会代表参加了成立大会。

王完白再次被选举为同业公会理事长。王完白、张元贤和苏祖国为常务理事，并选出张元贤、苏祖国、王完白、赵乐事（大陆电台负责人）、刘凤麟（麟记电台负责人）、周廉清（大中华电台负责人）、葛正心（民声电台负责人）、毛礼祚（华美电台负责人）、凌曙东（新沪电台负责人）九人为理事，陈鞠春（东方电台负责人）、朱智民（九九电台负责人）为候补理事；王叔贤（鹤鸣电台负责人）、陈信厚（中华自由电台负责人）、张寿椿（亚洲电台负责

---

❶ 音人.附逆劣迹昭彰，电台业记得否？[J].秋海棠，1946（8）.
❷ 上海市档案馆.旧中国的上海广播事业[M].北京：中国广播电视出版社，1985：514-515.

人）为监事。第一批加入上海市民营广播电台商业同业公会的成员有大陆、大中华、元昌、亚美、福音、东方、华美、鹤鸣、麟记、民声、新沪、合作、合众、亚洲、中华自由、金都、九九、新声、大同、中国文化、大中国等 21 家，均经交通部电信局核准。❶

上海市民营广播电台商业同业公会成立后，上海广播电台联合会随即解散，其中的多数电台陆续参加了该会。

"只要有组织，便可有力量。"❷ 上海市民营无线电播音业同业公会及此后成立的上海市民营广播电台商业同业公会在杜绝电台之间的无序竞争，维护民营电台的合法权益，以及架设官民沟通的桥梁、促进民营广播自身发展等方面，都发挥了积极作用。

二、王完白作为上海市民营电台同业公会领袖地位的确立

上海市民营电台同业公会的兴衰，与战乱年代的动荡紧密相关。当人或机构、组织被嵌入特定时空的社会系统，时常会有时代洪流中难以自处的窘境。但人的能动性也很重要。王完白作为主席/理事长在上海市民营无线电播音业同业公会的前后经历，则可作为考察当时个体作用的一个案例。

（一）以福音电台为中心的广播活动，奠定其在上海广播业"领袖"的地位

与上海日报公会"设干事长一人，主持一切会务，人选由各大报馆指定专人轮流担任，每月轮换一次"的做法不同，也不像同期上海报业的公会不设会长或主席那样，成立上海最大商营电台同业公会，王完白先后两次都被推举为上海市民营广播电台公会组织的主席和理事长，可见其在业界的威望。

王完白，基督徒，医生，福音广播电台主事（总理），能熟练使用英语进行演讲、交流。王完白除先后两次担任上海市民营广播电台播音业同业公会主

---

❶ 王完白.胜利无线电，1946（4）.
❷ 钱穆.中国历代政治得失[M].北京：九州出版社，2012：169.

席、理事长外，还任上海基督教联合会、上海市新医药同业公会的重要成员。日常工作中，除了主持福音电台外，还在电台播讲行医问诊和基督教节目，并参与多项社会公益性活动，属于广播、报纸上常出现的人物。

　　王完白1932年之前在常州，主持福音医院达20年之久，同时在常州主持福音医学院工作，毕业的医士遍布各行省。淞沪会战后，王完白迁往上海租界避祸，先是在四马路的中西大药房电台中行医，并在中西大药房电台播音宣传宗教和医学，是"国内播送教义与医学的首创者"❶。因听他播音而"受感化者实繁有徒，证函盈箧"❷。由此王完白认识到无线电广播的宣传奇效。

　　1933年，王完白和几位志同道合的基督教人士共同创办福音广播社，打算自建电台。经过数月筹备后，上海福音广播电台正式在博物院路128号（今虎丘路）的广学会大楼顶楼创立并于12月2日开始对外播音。电台功率起初只有150瓦，但开播典礼时上海市长吴铁城、督办张之江都到场参加并发表演讲。福音电台不播商业广告，"所有节目，皆高尚纯洁，极受同业推重。"❸1936年元旦，经交通部批准，福音电台改建为1000瓦功率电台，一下成了上海民营广播电台中功率最高者。新机落成典礼当天，蒋介石夫人宋美龄（因身体不适，委托毛彦文女士代表）、外交部长张群夫人马玉英等名人（基督徒）均到场祝贺并发表演说。❹当时，国民政府法令明文规定民营电台的最大功率不超500瓦。福音电台的超规格待遇究竟因何而来，值得进一步深究。而让王完白引以为傲的却是，这种非营利电台在当时全世界独此一家。在当时一众需要商业广告维持生计的电台中，王完白及其福音电台风格独特，电力强劲，备受听众和同行尊重，由此也奠定了其在广播业的"领袖"地位。❺

---

❶ 王完白.上海福音广播电台成立之经过[J].圣公会报，1936，29（19）：17-19.
❷ 戚再玉.上海时人志[M].上海：上海展望出版社，1947：9.
❸ 戚再玉.上海时人志[M].上海：上海展望出版社，1947：9.
❹ 福音电台今日新机落成礼，特请张外长夫人广播演讲[N].申报，1936-1-1.
❺ 本报昨招待广播业领袖[N].申报，1947-1-16-（6）．

（二）善用媒体宣传和造势，强化了其"上海时人"的社会形象

纵观王完白1949年以前的职业生涯，可以说始终生活在媒体的探照灯下，是媒体追踪的公共事务方面活跃人物。

他善于切换身份，以服务于不同的社交场合和社会活动。他以基督徒身份参与的活动有：1936年，上海各团体名流为蒋介石庆祝五十大寿；1939年，上海孤岛发起"重整道德运动"，同年王完白与其他七人赴美国加州三个月，参加世界重整道德运动大会，回国后积极在广播电台宣讲，受到蒋介石的高度评价。而作为上海市新医药同业公会重要成员，沪上"医界领袖"[1]，无论是战时还是平时，无论是福音电台开播期间，还是在被日军占领之后，他都作为一个医生坚持出诊，治病救人。

他善用媒体扩大影响力，常在电台播音中与听众交流医学卫生内容，分享在宗教信仰方面的个人体悟，还创办《福音广播季刊》杂志，在上面刊载听众来信，设立了"小朋友信箱""福音播音信箱""见证录"等固定栏目，不定期举办电台播音员与听众的联欢会，这表明其高度重视听众反馈。他以电台为"媒"，不仅自己常年播音，与各界听众互动往来，还经常邀请上海市卫生局、上海市医师公会成员、政界、文化界名流到福音电台播音。[2]

在被选为上海市民营无线电播音业同业公会主席后，他代表团体与政府打交道的很多事项，都被当时的媒体广泛报道。如1935年5月初，就一些民营电台无端被取缔，造成电台业主的损失事件，以及许多电台呈请审查播音的材料往往得不到及时批复，导致电台无法取舍播音材料等情况，上海市民营无线电播音业同业公会派出王完白、苏祖国和王纬之，前往电台的主管机关——交通部上海国际电信局交涉。在与局长温毓庆[3]面谈后，问题获得圆满解决。以

---

[1] 自动取消处方酬劳[N].申报，1939-12-31.

[2] 王完白.医学播音之成绩及其重要[J].医药评论，1936（133）：18-19.

[3] 温毓庆，广东省台山县人，清华大学毕业，后留学美国，获哈佛大学博士学位。回国后曾任清华大学教授、财政部税务专门学校校长、财政部参事等职。由于他精通无线电业务，曾为蒋介石研究过中文密电。20世纪20年代末光华大学教授颜任光任交通部电政司司长期间，温毓庆参与筹建我国第一座国际无线电台——设在上海真茹的国际无线电台，并出任交通部上海国际电讯局局长。

前，国际电信局一旦查出某电台"不合格"便立即下令停播，令电台损失惨重。经过交涉，国际电信局承诺以后会事先书面知照，以三日为期，要求电台自行改正即可。而对电台呈请材料批复缓慢问题，国际电信局也表示可以转催教育局，要求尽速审查发还。

上述交涉事项，《申报》❶及苏祖国主持的《中国无线电》杂志均做了详细报道。

时隔不久，王完白代表上海市民营无线电播音业同业公会，处理与英商电器音乐公司的版权纠纷。相关事项被媒体同步追踪。政府部门给予王完白的相关回复，也都一一刊载于报刊中。

上海广播业的兴起，是与收音机数量的猛增互为因果的。截至1935年9月30日，上海地区已有6.8万余具收音机在国民政府交通部国际电信局登记备案。如此庞大的听众群，意味着一个巨大的广告市场已经形成。为吸引听众，招徕更多广告，各商业电台纷纷使出各种招数，开设了花样繁多的音乐和戏曲节目。这无形中对"传统"的唱片市场造成了巨大冲击。而一些唱片公司为提高知名度，不惜廉价向各电台推销本公司唱片，甚至允许其免费播放。当时的上海民营电台几乎家家都有播放唱片的节目。而当时社会上对广播的种种期待、称赞或批评，实际不少针对的就是电台中每日播放的唱片节目。在一般的商业电台，每次唱片播送之后，接着就是商品广告，如一曲梅兰芳的《贵妃醉酒》唱完，便会引出一长串的丝袜、酱鸭、肉骨头、人参补药之类的广告。这也是当时商业电台的一大特色。

而越来越多的人选择听收音机，意味着唱机将受到冷落，市场上的唱片和唱机销量大减，以百代公司组建的宝芳公司（Pao Fong Talking Machine Co.）为例。该公司原以贩卖留声机和唱片为主，几乎不涉足无线电生意。"往年兴盛时，每年营业额达五十万元左右"❷。然而进入20世纪30年代，却"'因市况衰落及无线电盛行，留声机生意大受打击，年仅25万元左右'，1934年'尤

---

❶ 向电信局接洽经过[N].申报，1935-5-25.

❷ "中国征信所报告书"第6390号，上海档案馆所藏档案。转引自葛涛.电波中的唱片之声——论民国时期上海广播唱片的社会境遇[J].史林，2005（5）.

为清淡'，从往昔的年有盈余跌落至亏蚀的境地。又如成立于 1927 年前后的中国唱机公司（Chung Kou Talking Machine Co.）一度以制作和销售唱机为主，老板干阿宝曾长期供职于谋得利琴行，是闻名的巧匠。该号初创时，正值'唱机畅销时代'，每月的营业额可达 2 千至 3 千余元，'利益颇厚，约有二三分钱利益'，且'年年可获利'。但是自'盛销无线电收音机以后，竟大受打击，唱机销路，寥寥无几'"❶。眼看免费播放唱片的电台盈利年年攀高，那些非但没有从中渔利，反而深受其害的唱片公司坐不住了。

1935 年 6 月，百代唱片公司分别致函国民政府交通部国际电信局和上海市民营无线电播音业同业公会，要求各广播电台最迟于 8 月 1 日起，每月向公司预付 150 美元作为播放旗下唱片的公演费。在致国际电信局局长温毓庆的信中，百代董事威尔逊的措辞强硬而傲慢，还援引西方惯例，向上海市民营无线电播音同业公会提出了六项诉求：

（1）只有签署了专门用于广播协议而制作的唱片才能广播；

（2）唱片须向制片公司直接实价购买，播送时也只能以实价购买的唱片为限；

（3）唱片广播每日不能超过三小时；

（4）新出的唱片，在发行出售第一周内每天至多广播一次，此后每周不能超过一次；

（5）在广播唱片前后，须将每张唱片的片名号数及制片者名称向听众报告；

（6）新播唱片须完好无损，凡认为不适用的，在唱片制片商要求下可收回。❷

这些近乎苛刻的要求，对于刚刚起步且主要靠唱片维持生计的上海民营电台来说，无疑是十分不利的。

上海市民营无线电播音业同业公会经过议决，除委托朱亚揆律师履行相关

---

❶ 葛涛.电波中的唱片之声——论民国时期上海广播唱片的社会境遇[J].史林，2005（5）.

❷ 上海市档案馆.旧中国的上海广播事业[M].北京：中国广播电视出版社，1985：211.

法律手续外,还通告各会员电台,在争端未解决之前,一律不得与英商电器音乐公司私订任何合同,"如有不顾同业公共利益私自签订者,将担负全体会员电台之损失"❶。同时与国人自营的大中华留声唱片公司正式签约,凡该公司提供的特价购片和出品的所有唱片,在全国各电台均可播放。所有会员电台从1935年7月1日起,除大中华唱片外,暂停播送其他公司的唱片。同时,上海市民营无线电播音业同业公会又去函百代公司,详陈唱片在电台播送不能收费的理由,并要求于7月8日前回复。

上海市民营无线电播音业同业公会拒绝缴费的理由:各电台是在取得百代公司同意后才播送该公司唱片的,并有函件为证;而百代公司早期为了营业,向各广播电台廉价倾销唱片,等各电台购置完备后却又用此要挟手段限制播送,希图获得"不法利益",在道义上是站不住脚的。并强调,"此种行为,殊难予以承认,而放弃法律上应得之权利"❷。7月8日,英商百代公司没有答复,电台方面因为超过期限,又将唱片重新播送。

与上海市民营无线电播音业同业公会的快速反应加诉诸法律手段维权不同,7月3日,交通部国际电信局在"调查研究"后,呈报上级交通部批复。呈文强调,英商的要求不应得到支持,原因是上海各广播电台尚在草创期间,经济状况自属困难,无法负担这种高额费用,忍受此等摧残;而英商电器音乐公司在各电台成立之际,曾分别致函要求播送本公司制作之唱片,并赠送样片,请广为宣传,事先也没有不得公演的声明,"足见其对于公演不特早已承认,抑且甚为需要,此次突然要求收费,殊属矛盾"❸。最后交通部裁决,"留声机片既非出版品,亦非出版物,并无专有公开演奏之权。购买人本其所有权作用,无论如何使用,即不问其以供个人娱乐或以供公众收听,应任凭自由,出售人、制造人、发行人均不得干涉"❹。国际电信局接到命令后,迅速通知上海市民营无线电播音业同业公会,正式驳回了百代公司的请求。

---

❶ 上海市档案馆.旧中国的上海广播事业[M].北京:中国广播电视出版社,1985:243.
❷ 上海市档案馆.旧中国的上海广播事业[M].北京:中国广播电视出版社,1985:242-243.
❸ 上海市档案馆.旧中国的上海广播事业[M].北京:中国广播电视出版社,1985:210.
❹ 上海市档案馆.旧中国的上海广播事业[M].北京:中国广播电视出版社,1985:213.

在这一博弈过程中，王完白和上海市民营无线电播音业同业公会不仅强调电台同业的步调一致，还利用多家报刊发声，报道事件进展。交通部裁决之后，报刊等媒体也进行了大量报道。

1937年年初，交通部取缔了上海八家民营电台。公会随即决定申请复业，在未获批复后，上海市民营无线电播音业同业公会决定2月27日全体民营电台停播一天，28日，王完白等代表公会赴京请愿，最后获得圆满解决。❶1939年马相伯百岁寿辰，各电台的播音祝寿各项接洽事宜，也均由王完白接洽和操持。❷

有信仰，有声望，也有担当，尤其是对自身任职的福音电台、上海市民营无线电播音业同业公会工作殚精竭虑，全程参与。王完白对上海民营电台、对中国新兴广播业的清醒认知与倾力守护，是与他同时代的多数人难以企及的。

三、上海市民营无线电播音业同业公会的作用

王完白主持上海市民营无线电播音业（商业）同业公会和上海市民营广播电台商业同业公会前后两段时间，恰逢国家的多事之秋。在上通下联、内外协调方面，同业公会做了很多积极工作，也发挥了一定作用。

一是加强了民营电台间的沟通与联合，有利于壮大声势，促进本行业更好发展。

上海市民营无线电播音同业公会成立后，经常组织电台负责人聚会，及时通报各自情况，尤其是从1947年起，同业公会每月都组织电台负责人聚餐，费用由各会员电台轮流承担。❸作为公会的领袖，王完白"与各电台人物常相聚首"，自认"颇能和衷共济"❹。而这种定期聚餐，既凝聚了人心，也有益于各电台之间及时沟通情报，共同处理和应对危机，关键时刻还及时发声，并组

---

❶ 本市广播电台昨日停止播音［N］.申报，1937-2-28.
❷ 播音祝寿［N］.申报，1939-3-29.
❸ 庆·张元贤.播音圈：电台主持人每月聚餐联欢［J］.胜利无线电，1947（15）.
❹ 王完白.医学播音之成绩及其重要［J］.医药评论，1936（133）：18-19.

织劝募活动，支援灾区，一定程度上扩大了民营电台的话语权，也壮大了民营电台的力量。

1935年夏天，长江流域发生洪涝灾害，武汉市被水淹没90天。从8月份开始，上海市无线电播音业同业公会执委会发起宣传筹赈的活动，共同宣传募款，并决定给予捐献100元以上的商号广告上的优惠。1936年12月25日18时15分，上海市无线电播音业同业公会收听到国民党中央电台关于"蒋介石离开西安、西安事变和平解决"的新闻后，立即通知各会员电台转播。19时左右，上海各报始有号外出版。电台播送新闻首次抢在了报纸的前面。❶ 而江苏无锡各界收听到上海亚美广播电台的报告后，通过长途电话询实，亦随即播送，该地报纸亦出号外。还有1947年年初，为了便于飞机识别各个电台的天线，同业公会为上海市所有民营电台的天线柱杆涂漆，以突出标示。❷ 同年4月，上海市政府要求从15日起一律把时间拨快一小时。上海市无线电播音业同业公会获知消息后，迅速通知各会员电台，一律遵照执行。❸ 5月，上海市无线电播音业同业公会奉命通告，因上海6日发生抢米风潮，自即日起不得报告米市行情。

二是厘订行业规则和行为规范，发挥行业自律和行业规范功能，弥补政府职能的缺失。

上海市民营无线电播音业同业公会1934年成立当天，便通过了会章，并议决了多个要件。❹ 抗日战争胜利后新的公会组织虽名字与前者有所不同，但实际与其一脉相承，各项会务工作驾轻就熟，且更加完善。1947年9月，上海市民营广播电台商业同业公会制定了《上海市民营广播电台商业同业公会业规草案》，分别从"法令""电台机件设备""营业""节目""处罚"和"人事"六个方面分述会员电台应遵守的业规。草案强调，"本业规为联络同业情感，精诚团结，发展业务及宣扬文化，光大广播事业为宗旨"，要求各电台除

---

❶ 参见赵凯.上海广播电视志[M].上海：上海社会科学院出版社，1999：168.
❷ 洽·张元贤.电台天线杆加漆安全标记[J].胜利无线电，1947（15）.
❸ 家·张元贤.本市广播界日光时间播音[J].胜利无线电，1947（15）.
❹ 播音业同业公会昨成立[N].申报，1934-11-12.

应遵守政府相关法规外，还须"绝对遵守"公会的各项决议。草案要求，凡会员电台的机件设备，除须主管机关查验合格外，还应随时修整改进，以求迎合时代，不使当局有所批评及听众指摘；各会员电台改进技术或设备时，须请求公会作技术上的协助。在营业方面，规定各电台之间应共同议定并遵守电费价格，且在兜揽生意时应各谋发展，"不得竞争贬价，互相攻讦"；各会员电台与顾客往来时，应采用公会规定之合同，如不采用公会的统一合同而日后发生纠纷时，则公会不予保障；客户或播音员拖欠电费，或不于到期前依约通知而突然停止，或播音员不依约播送与电报电讯局相同之节目屡诫无效时，得有该会员电台申报公会转知各会员不予接受或录用。各电台播送的节目应"力求高尚"，且不得私自接受慈善公益宣传节目；游艺界在各电台播送的唱词，应经过事先审查。❶ 同业会员雇用职工时，应注意其教育程度，且需殷实铺保或人保；各台职工服务诚恳确有成绩者，应予奖励；职工不得随便离职且任意转台。"如贸然离职甲台转入乙台时，乙台应予拒绝，而甲台得请公会通知会员电台，该员今后不得录用。"❷ 草案强调，同业中如有违反上述业规者，由公会或呈请更高的主管机关给予相应处罚。

  除了前述为本会设定相应规则，广告节目定价及电台每日播出内容等细则，还都会随市场行情及电台自身情况等不断变化，政府管理中却难以顾及。为商家做广告是民营电台最重要的经济来源，也是其核心业务之一。当时的广告客户若想在一个民营电台播送节目，需要支出两项费用：一是请曲艺家演奏的演奏费，二是电台的电费。1934年以前，各电台收费标准不一，令广告客户无所适从。上海市民营无线电播音业同业公会成立后，通过协商，制定了各电台统一收费标准。这就避免了电台之间竞争时的互相杀价或漫天要价现象，既维护了行业形象，也有利于广告客户的市场投放。从这一意义上看，上海市民营无线电播音业同业公会的成立，不是与政府对立，而是相互协作，担当着

---

❶ 上海市民营广播电台商业同业公会业规草案（1947年9月18日）[M]//上海市档案馆.旧中国的上海广播事业.北京：中国广播电视出版社，1985：754-755.

❷ 上海市民营广播电台商业同业公会业规草案[M]//上海市档案馆.旧中国的上海广播事业.北京：中国广播电视出版社，1985：756.

民营电台与政府沟通的中介角色,在许多方面起到了地政府的功能弥补作用。

从 1936 年 7 月起,上海市民营无线电播音业同业公会又主动承担起审查各民营电台播音稿的职责。由于实行严格的自我节目审查,上海市民营无线电播音业同业公会某种程度上承担起为政府分忧的职责,在贯彻政府的政策规定方面,也起到了很好的监管和过滤作用。

三是保护同业,为广播业争取合法权益。

上文与英国唱片巨头百代公司的纠纷,就是在上海市民营广播电台同业商业公会与政府通力合作下,最终取得了胜利。而该会通过向政府请愿、交涉等方式,抗议政府对一些电台的无理取缔行为,也有效保护了电台自身的合法权益。

再如 1946 年 12 月,针对一些没有申请执照即擅自播音,致使合法的同业电台电波受扰,营业蒙受重大损失事件,上海市民营广播电台商业同业公会致函上海市电信局,要求制止播音台再有扰乱事件发生。❶但如前文所述,直到上海解放前夕,国民政府都没有彻底禁绝非法电台的乱播乱放问题,对那些特权电台纵容不管,对守法的民营电台却多方限制,规定几个民营电台合用一个周率,轮流播音。为此,1948 年 1 月 13 日,上海市民营广播电台商业同业公会再次致函交通部,要求放宽民营电台的周率。函件强调:

际兹行宪伊始,人民自应守法,惟主管机关似不应忽视守法者,使守法之电台反不及其他电台之待遇,窃念政府似应有昭示人民守法之鼓励。❷

各民营电台轮流播音,实际是减少了播音时间,广告业务必然会受到影响,多数电台收支不抵,亏折严重。当时,各民营电台的广告业务以每档节目的播出时段为收费等级,以一个月作为收费单位。1947 年 2 月 1 日,上海市民营广播电台商业同业公会通知各会员电台,每档 40 分钟的节目须支付每月法币 50 万至 100 万元,星期日的广告费用则须每次支付法币 25 万至 75 万元;小报告每天 3 次,每月法币 15 万元。3 月 14 日,同业公会遵照电信局提出的

---

❶ 上海市档案馆.旧中国的上海广播事业 [M].北京:中国广播电视出版社,1985:742.
❷ 上海市档案馆.旧中国的上海广播事业 [M].北京:中国广播电视出版社,1985:758.

每隔半小时须报告呼号一次的要求,通知会员电台自 4 月 1 日起所有节目每档一律改为 30 分钟,会员收取广告电费按比例减低折实计算。对此,一部分播音员认为电台对自己的剥削本已很重,此时的减短时间,无异于变相增加电费,于是向上海市游艺协会及播音联谊会呼吁,并派出代表与上海市民营广播电台商业同业公会协商。上海《诚报》为此连日载文,"煽动全体游艺人员罢播";《正言报》《东南日报》也发表短讯,"拟由游艺协会召集全体大会发动集体罢播"❶。眼看事情搞的越来越大,上海市民营广播电台商业同业公会不得不请求上海市社会局出面,禁止报纸再"煽风点火",徒然增加电台与工作人员的矛盾。接着公会迅速做出折中处理,就是各电台"不论三十分钟一档,四十分钟一档,在可能范围内尽可便利行事,电费仍以三月份作为比例"❷。事情才得以平息。

四是推动跨界合作,巩固和扩展广播业根基。

上海市民营广播电台商业同业公会与《申报》馆的合作,开辟了与报业合作的新途径。作为上海滩的一家资深大报,《申报》的商业嗅觉一向灵敏。1923 年上海第一家无线电广播电台奥斯邦电台选择与英文《大陆报》馆合作,以上海的外国人为目标听众。而次年开播的开洛公司电台选择与《申报》馆密切合作,报馆长期为其免费宣传。1925 年,《申报》设立"无线电话部",在开洛电台播出广播节目,由著名记者赵君豪负责。1933 年,《申报》开设"无线电周刊部",特设"无线电周刊",随时追踪广播事业发展,刊载广播稿件以及社会各界评价,直至抗战爆发。

1947 年 1 月 15 日,《申报》馆邀请全市登记已核准的广播电台负责人到报馆茶叙,其中受邀请的民营电台有 16 家。上海市民营广播电台商业同业公会则在王完白主持下,于 2 月 12 日在林园饭店宴请《申报》同仁。22 日,《申报》馆经理带领五名报馆负责人,又在四马路京华酒楼回请上海民营电台商业同业公会 18 家电台的会员,讨论各项合作事宜。❸3 月 15 日是中国国民党六

---

❶ 上海市档案馆.旧中国的上海广播事业[M].北京:中国广播电视出版社,1985:758.
❷ 探马.电的波折:民营电台公会、播音联谊会发生小纠纷[J].胜利无线电,1947(14).
❸ 吴观周.播音界与新闻界打成一片[J].大声无线电半月刊(创刊号),1937.

届三中全会在南京开幕的日子,《申报》再次召集上海各民营电台负责人到报馆茶叙,敲定了报馆与电台合作的具体办法,同时发表联合启示,表示为"服务社会,协助政府推进新闻文化政策起见,特与上海各公营、民营广播电台商洽合作办理新闻广播,每日上午九时、下午五时、晚间九时各一次由本报供给新闻稿,随时将国内外及本市重要新闻由各电台播出,使本市及外埠听众能迅速获得正确之新闻消息"❶。其具体运作是由《申报》馆每日上、下午及晚上三次将广播稿送电台广播,每次约5分钟。每家电台每日担任小报告10次,每次以100字及客户两户为限,每月由《申报》馆津贴法币1000万元,分两次付清。而每周一次的特别广播,《申报》馆则须支付当值电台70万元。播音员报告完毕后还需口头说明"以上消息由《申报》馆供给"。❷

在免费为《申报》馆播报新闻和广告一个多月后,《申报》的广告费调整加价,相应的,报馆给18家电台的"福利金亦酌加三成半"❸。上海各民营电台报告《申报》新闻的传统,一直延续到上海解放前夕。

众所周知,新闻是民营电台的短板,却是《申报》的优长。二者合作后,《申报》的新闻获得二次传播,各电台既有了稳定新闻来源,又有了一定经济收入,可以说是双赢。

与上海市广告商业同业公会的合作,目的是共同对付"无赖"广告客户。抗日战争胜利后的上海,市面萧条,工商业时有倒闭,民营电台中经常有给人家做了广告却拿不到广告费的情况发生。为此,1946年12月3日,上海市民营广播电台商业同业公会致函上海市广告商业同业公会,提出了与之合作的意向,"嗣后贵会会员如有前列情形(不付广告费)发生时,希将该客户户名通知敝会,以便采取同一办法,凡在欠款未曾理楚之前,所有同户播音广告亦予拒绝;而在敝会会员如有前列情形发生时,亦即通知贵会希予同样办理"❹。与此同时,上海市民营广播电台同业公会还通知各会员电台,"兹依同业向例,

---

❶ 上海市档案馆.旧中国的上海广播事业[M].北京:中国广播电视出版社,1985:746.
❷ 上海市档案馆.旧中国的上海广播事业[M].北京:中国广播电视出版社,1985:746.
❸ 晓:《申报增加电台业福利金》[J].胜利无线电,1947(16).
❹ 上海市档案馆.旧中国的上海广播事业[M].北京:中国广播电视出版社,1985:741.

所有广告电费一律先期付清,不得拖欠。凡有拖欠甲同业广告电费者,其他同业在未得甲同业同意之前,概须拒绝该客户之任何广告,以为保障同业利益。"❶

上海市民营广播电台商业同业公会还与其他社会团体一道,积极参与各项社会福利与慈善事业。如1947年9月17日与中国红十字会沪分会合办空中劝募委员会,18家会员电台联合举办空中劝募特别节目,三天内募得一亿二千七百余万元,同时收到美国红十字会捐赠的一部救护车和药品。经改装为流动诊疗车后,于1947年10月10日开始服务,每日轮流在四处诊疗站施诊给药。之后该会又扩大为诊疗事业委员会,并聘社会热心人士为委员,"对于社会殊有贡献"❷。

四、结语

上海市民营无线电播音业同业公会及上海市民营广播电台商业同业公会的获批成立并正常运作,意味着上海民营广播的管理运行模式已由"政府→民营电台"的单向结构,变成"政府←→民间行业组织←→民营电台"的三方协议与博弈方式。上海市民营无线电播音业同业公会、上海市民营广播电台商业同业公会与其上属的政府管理机构和下属的各电台之间,构成一种垂直的组织网络,而与社会其他行业组织之间则是平行的社会关系。公会凭借这一网络系统,维护行业竞争秩序,调解电台诉讼纠纷,发挥国家与民营台、民营台与其他各业之间的桥梁纽带作用。而王完白作为上海市民营无线电播音业同业公会的领袖人物,其个人志业与公会组织之间相生相融的关系,某种程度上正是当时广播业意图在社会规范内扩张"版图"的一种体现。

---

❶ 上海市档案馆. 旧中国的上海广播事业[M]. 北京:中国广播电视出版社, 1985:741-742.
❷ 上海市民营广播业、中国红十字沪分会合办白色诊疗车开始服务[M]. 上海:大都会, 1947年复刊新2号, 上海元昌广告社总发行.

近代报贩群体与中国报业发行的互动[*]

齐 辉 张 蒙[**]

"啦啦啦！啦啦啦！我是卖报的小行家，不等天明去等派报，一面走，一面叫。今天的新闻真正好，七个铜板就买两份报。"这首耳熟能详的《卖报歌》，生动呈现了旧中国报童在街头卖报的场景。事实上，报童仅是中国近代庞大贩报群体的一个微小的缩影。清末民初，中国近代报业发行形成之初即逐步形成了庞大的报纸贩卖群体，并逐渐发展成为控制和左右中国报业发行的重要力量。民国时期，报人张季鸾曾感慨，"报馆权威操诸报馆者固半，操诸报贩之手者亦半"[❶]。著名记者曹聚仁更是直言报贩"操各报生死之大权"[❷]。长期以来，新闻史学界对于报贩群体与中国新闻业的关系研究缺乏足够的重视，已有成果多以"社会史"的角度，将报贩视为社会弱势群体考察其生存状态[❸]，未能将其置于中国近代新闻产业发展的视角进行研究。报贩与报业之间一系列

---

[*] 本文部分内容刊于《新闻记者》2022年第8期，内容有增删修改。
[**] 齐辉，重庆大学新闻学院教授、博士生导师，抗战新闻传播史研究中心主任；张蒙，现为重庆社会大学教师。

[❶] 炯炯.望平街上四大金刚[N].上海画报，1926-09-18.
[❷] 曹聚仁.我与我的世界·曹聚仁回忆录（修订版）：浮过了生命海[M].北京：生活·读书·新知三联书店，2011：322.
[❸] 相关成果包括洪煜的《近代上海报贩职业群体研究》(《史学月刊》2008年第12期，第67-72页)、《权力文化视阈下的近代上海报贩组织研究》(《史学月刊》2019年第11期，第87-94页)等，主要关注了报贩的群体组织、生活状况，以及报贩对近代上海社会政治文化的影响。目前从新闻史视野考察报贩的成果仅有王润泽教授《民国前期中国现代报纸的发行途径及其潜规则》(《国际新闻界》2007年第7期，第75-80页)中一节"报贩及其对报纸发行的牵制和制约"有过初步的探讨。

重要问题，诸如中国近代报贩群体如何形成与聚集？其与中国近代报业发行存在着怎样的勾连？近代报业中报贩群体如何成为左右报业发行的重要势力？这一系列问题在新闻史研究中仍尚付阙如，有待系统性的探讨和研究。

作为近代报业发展中的衍生职业群体，报贩是报馆与读者之间联结的重要纽带，甚至是左右中国报业发行量的关键人物。报贩绝非近代中国报业发展的"边缘"人群，他们是报业系统中最富组织性和行动力的群体。报贩群体的成长与近代中国新闻事业的发展如影随形，他们始终在报纸发行环节中扮着关键角色。鉴于报贩群体在中国近代新闻事业发展中的重要作用，笔者尝试以近代报贩史料为基础，系统梳理近代中国报贩群体的成长历程，探讨报贩群体与中国近代报业之间复杂博弈与纠葛，进而呈现中国近代报业发行的状态与张力。

一、从"派报"到"贩报"：近代报贩群体的聚集

报贩是"持卖报为生活者"❶，通常意义的近代报贩群体是指专以贩卖报纸为生的职业群体。他们每日从报馆中批发报纸分送至定报户家里，或是在街头叫卖零售。关于报贩何时产生，目前尚无定论，但学界多认为报贩源于古代的"送报"人，这是报贩产生的雏形。据史料记载，早在明末清初北京已出现以"送邸报为业"的报夫。❷ 戈公振曾指出，清代《京报》在外地的贩运已有"专人"负责，"时有山东登属之人，负贩于西北各省，携之而往，销行颇易"❸。另据清代官方对于特许经营的报房所颁布的《报局规例》中提及，当时《京报》编印之后皆由报房指派专人发送，"发结送报之人，分路送往各看报之处"❹。尽管《京报》内容多为宫门钞、上谕和章奏❺，并非真正意义的现代报纸，但以运报为业的派报人群具有一定的"地域性"，已经具备了报贩职业的

---

❶ 陈荣广. 老上海（上册）[M]. 上海：泰东书局，1919：113.
❷ 洪煜. 近代上海报贩职业群体研究[J]. 史学月刊，2008，12：67-72.
❸ 戈公振. 中国报学史[M]. 郑州：河南人民出版社，2018：33-34.
❹ 内藤乾吉. 六部成语注解[M]. 杭州：浙江古籍出版社，1987：1.
❺ 方汉奇. 清代北京的民间报房与京报[J]. 新闻研究资料，1990，4：205-220.

雏形。

鸦片战争之后，随着外报的引入和国人自办报刊的兴起，报纸的运输和销售开始与报贩群体相挂钩，报贩群体开始聚集和壮大。在报纸商业化的推动之下，近代意义上的报贩职业群体应运而生。同光时期，上海报业形成之初，报纸多为赠阅，难以收费，故"只有报馆专雇的人，把每日所出的报纸，挨户分送"❶。但1872年《申报》创办后，该报除了差人送报外还另雇人沿街售卖❷，其他报馆亦纷纷仿效。报业竞争的加剧及对报纸销量的依赖，促进了报贩从报馆雇用转变为独立经营。19世纪末，姚公鹤在《上海闲话》中就谈到此时的报贩在上海已成为一门专业的行当，"缘今日各日报，其发行本埠之报纸，均由贩报者先时订定，或由一人呈报，已为今日沪上一种专业"❸。早期贩报者人数稀少，大多为个人去报馆批报、在街头售报，聊补家用，但随着报贩人数增多，报贩内部逐渐开始聚集并形成阶层。在上海，随着报纸销量的增加，报馆无力与众多的报贩个体接洽，转而将报纸发行承包给指定的"报头"，他们乃成为实力雄厚且专做报馆"定报"生意的上层报贩。❹报头依靠资本、威信甚至暴力手段控制大量仅能街头叫卖零售的底层报贩，并由此建立起了自上而下的派报网络。

在北京，19世纪末以"聚兴""聚恒"为代表的六家报房，约有送报工友400余人❺，身着"蓝衫"划区送报。庚子之变后报馆日盛，各报房顺势转变为"各报之推销所"❻。民国初年，北京的报贩群体垄断报纸销售已十分严重，"报房有谙练之报夫，固有之订户，各城各路分配差役，各有专职俗称'报道'，无论新旧报馆皆利赖之"❼。同时，北京南柳巷永兴寺一带还形成颇具规模的

---

❶ 钱伯涵，孙恩霖. 报馆管理与组织［M］. 上海：申报新闻函授学校，1940：101.
❷ 佚名. 申报七十五周年二万五千号纪念·七十五年来：本报的广告发行及其他［N］. 申报，1947-09-20.
❸ 姚公鹤. 上海闲话［M］. 上海：上海古籍出版社，1989：127.
❹ 钱伯涵，孙恩霖. 报馆管理与组织［M］. 上海：申报新闻函授学校，1940：101.
❺ 隐公. 北平最老的报房［M］// 北平实报社. 实报半月刊. 北京：北平实报社，1936：892.
❻ 池择汇. 北平市工商业概况［M］. 北京：北平市社会局，1932：621.
❼ 池择汇. 北平市工商业概况［M］. 北京：北平市社会局，1932：621-622.

"报市","无论风雨寒暑,清晨五六时",报夫、报贩集合于此,"各按所需之报分别配购",到上午九时即可散布各处。❶ 在天津,民国初年在南市广兴大街一带亦形成"新闻市场",报馆报纸由"派报社"每日七八点钟批发给报贩,经分报和数报之后,分头叫卖。❷ 而浙江杭州 1917 年成立派报公所,全市 37 家各雇用报贩 1 至 2 人,每月工资 7 到 10 元。每日的"晨报",由派报公所雇用的报贩分送阅者,亦是上午 9 时前即"遍布全市"❸。在长沙,1912 年报贩成立了"长沙市派报业工会",1922 年又称"派报公会",报贩内部争斗严重,甚至分为"长沙和湘乡两派",长沙派被称为"东记",湘乡派则称为"湘记",两派完全垄断了湖南报纸的销售。1926 年国民政府颁布"工会组织法",曾成立"长沙市派报业职业工会",试图打破报贩对报业发行的钳制,此举遭到了报贩群体的强烈抵制。❹

在上海,光绪末年在"报头"的带领下,垄断上海报纸发行的报贩组织已形成。这一时期上海大报贩常在财源楼茶馆中聚会,调解报贩纠纷,名曰贩报茶会。❺ 宣统年间,随着报纸销量与报贩群体的骤增,在"报贩开始元勋"陆行逊的领导之下,上海地区分散的报贩群体整合为统一的报纸发行组织"捷音公所"❻。捷音公所制定了详细的规程,协调报贩内部的利益,为加入公所的报贩提供权益保障,这些举措使得公所成员迅速扩大❼,"每一个派报人,无论你是送一份报,或是在马路上卖出一份报"都必须是捷音公所的成员,否则"休想踏入这个生意的门槛"❽,由此很快形成了对上海报纸销售的垄断。除陆行逊外,捷音公所的首脑都是有资历的大报贩,他们把持着公所各项业务,在报贩

---

❶ 池择汇.北平市工商业概况[M].北京:北平市社会局,1932:623.
❷ 刘炎臣.津门杂谈[M].天津:三友美术社,1943:82.
❸ 建设委员会调查浙江经济所统计课.杭州市经济调查(上下编合订本)[M].杭州:建设委员会调查浙江经济所,1932:79.
❹ 湖南大公报.大公报十二周年纪念特刊[M].长沙:湖南大公报,1935:14-15.
❺ 佚名.报贩陆行逊君逝世[N].申报,1927-09-02.
❻ 陶然.上海报贩的特殊势力[J].华文大阪每日,1940,5(10):16.
❼ 陶然.上海报贩的特殊势力[J].华文大阪每日,1940,5(10):16.
❽ 陶然.上海报贩的特殊势力[J].华文大阪每日,1940,5(10):16.

中颇有威望。20 世纪 20 年代，上海报业中心的望平街甚至出现了王春山、蒋润卿、陆开廷、张阿毛为首的"四大金刚"。至此，上海报业销售完全被上层报贩控制，他们之间等级分明，相互倾轧，层层盘剥，因掌握定户资源，开始形成对报馆的压制。民国时期有报人为此埋怨道，"报社编辑部全体人员不眠不休的劳作所得，尚还不及一个报贩头子的收入"❶。不仅如此，此时上海报贩群体已将报纸的发行和销售牢固地攥在手中❷，报馆不得不对其敬畏三分。

　　值得注意的是，捷音公所并非现代意义的工会组织，而是带有垄断性和封建性的行业帮会。在捷音公所内部，报贩同行间相互争斗且拒绝惩戒者，捷音公所即会动用私刑加以惩戒，受刑者经常被"打得死去活来"，"是极平常的事情"❸。此外，捷音公所还制定报贩活动的区域，相互之间都绝对不能逾越。❹公所每月亦定期开会，用以协调组织内部的利益和行动。当然作为集体利益的代表，捷音公所在经济和生活上也尽力为报贩撑腰，不让其受到上海其他帮会组织的侵扰，对于极端贫苦的报贩在经济上和生活也给予一定的抚恤，进而加深了底层报贩对于捷音公所的依附。到了 1927 年，政府曾尝试将捷音公所改组为派报工会❺，并进行了组织的登记和注册，但该组织内部原有的规章制度仍照旧执行，其原有的帮会运作性质并未发生根本性的变化。❻

　　通过梳理近代报贩的衍变历程我们可以得知，报贩产生之初原隶属报馆，受雇之初主要以送报为主，兼顾贩报。清末民初随着中国报业的崛起，报贩群体随之扩大，报贩从独立的个体逐渐组织成为带有帮会性质的"派报所"或"捷音公所"，并由此构建起一套完整的卖报流程和相对完善的发行网络。在近代报业发展实际中，报馆为求简便和降低发行成本的考虑，悉数将报纸发行交予报贩负责，此举提高了报馆发行的效率，降低了发行成本，也无形之中为报

---

❶ 佚名.新闻学[M].上海：文化函授学院，1946：98.
❷ 陶然.上海报贩的特殊势力[J].华文大阪每日，1940，5（10）：17.
❸ 陶然.上海报贩的特殊势力[J].华文大阪每日，1940，5（10）：17.
❹ 佚名.本市报贩概况[N].中央日报，1935-08-11.
❺ 佚名.上海捷音公会请警厅保护[N].申报，1927-04-17.
❻ 陶然.上海报贩的特殊势力[J].华文大阪每日，1940，5（10）：16.

贩垄断报纸发行埋下祸端。伴随报贩群体的壮大，报贩组织趁机钳制报纸发行之便，获得了与报馆相争利博弈的资格。1946年上海小报《快活林》曾报道，上海某报派人到各地调查报纸发行，调查员发现该报"没有一处不是报贩握着发行的全权，这种势力恐怕是遍及天下了"❶。在近代报业形成过程中，报馆多无力与报贩群体周旋，在遇到销售利润之争时，往往被迫选择"牺牲一部分利益"的方式来息事宁人。❷但随着报纸利润压缩及报业成本提高，报馆对报贩垄断发行日益难以容忍，双方既合作又斗争的经营状态成为近代中国报纸发行的一条基本脉络。

二、"合作"与"博弈"：近代报贩与中国报纸发售的互动

（一）合作：报贩与报馆的相互依存

报贩以贩卖报纸为业，依附报业而生存。报馆经营的盈亏，报章质量的优劣，都会直接影响到报纸的销售，进而关乎报贩的利润与收入，因此共同的利益使得报贩与报馆间形成了休戚与共的合作关系。贩报业门槛低，无须多少本金，多有失业者和流落异乡的人以此为业，以及一些老弱妇孺依靠贩报来补贴家用。对于这些贫寒的底层报贩而言，贩报是其"唯一的生路"，也是一家人的命系之源。如果报馆关张歇业，他们便会顿时陷入衣食无着的失业状态。1931年报纸《新天津》因言获罪被突然遏令停刊，令当局意想不到的是，报馆的停业影响到当地近七千名报贩的生计。据某报贩所述，他平日两餐，一餐靠卖《新天津》早晚两报的利润来维持。《新天津》的停刊使他顿时陷入"缺少一餐之费"窘境，其他报贩也纷纷"叫苦连天"，为此被迫"改营他业者不少"❸。在报贩压力的推动之下，《新天津》最终得以复刊，报贩生计有了着落，还特意制作了两块匾额送到报馆，"彼辈生计有着，遂数千报贩，集腋成裘，

---

❶ 佚名.苏州报贩与明报馆[J].快活林，1946，6：10.
❷ 佚名.新闻学[M].上海：文化函授学院，1946：98.
❸ 佚名.天津报贩劳教数千工人，赠送本报匾额两方[N].新天津，1931-11-02.

制就匾额两方"❶。由此可见,报贩与报馆唇齿相依,当报馆面临危机时,报贩也会受到相应冲击。

事实上,出于促进报纸销售及方便对报贩的管理,近代报馆大都乐见报贩群体的壮大及其组织化,诸如上海及北平等地报贩组织形成,多仰赖报馆的助力才得以迅速完成。民国初年,上海的捷音公所筹办之初,即得到了上海本地报馆热情资助。时任《新闻报》主笔孙玉声,因在组织报贩的工作中表现卓著,甚至被推举为公所的董事。❷报贩从零星个体到形成固定的组织,极大地降低了报社的经营成本,报贩组织的存在,使得报馆无须再单独设立销售部门,从而专注于报纸内容的制作。报馆借助报贩销售报纸,不仅能够降低发行的成本提高报馆利润,更使报纸销量得以保证。一方面,就发行成本而言,报馆借助报贩承担发行,可以节省报馆在人力、物力上的开支。若是报馆自办发行,不但需要雇用专人组建发行队伍,还存在订报拖款、欠款的经营风险,一到订报季报馆还须派人去催缴报款,操作十分烦琐。如果仰赖报贩销售,这些问题即可迎刃而解。报贩每日早晨即与报馆直接进行现款交易,当日结清,交款便利,这使得报馆乐于将报纸发行这一关键环节交予报贩运作,进而促成"报馆的发行生命,操诸于报贩之手"❸的依赖局面。另一方面,报贩组织在形成过程中逐渐建立了成熟的发行流程与人际网络。报贩不仅人数众多,而且高度组织化,他们各有派报的地段和区域,能够以最为快捷和高效的方式将报纸送至受众。加之报贩组织完全独立于报社之外,故其收入直接与报纸销量挂钩,不受报馆的左右,为了获取更多收益,报贩往往会用尽浑身解数兜销报纸,千方百计保留并增加订户资源。此种优势之下,近代报纸尤其是新报的上市,往往需要依靠报贩组织业已成熟的订户资源与销售力量来拓展市场。20世纪20年代末,中共江苏省委在上海创办的《上海报》便通过报贩的层层兜销,在白色恐怖中成功地发行到了8000份,这不得不说是一个由报贩创造出

---

❶ 佚名.天津报贩劳教数千工人,赠送本报匾额两方[N].新天津,1931-11-02.

❷ 佚名.文海拾贝[M]//北上海市政协文史委.上海文史资料选辑.上海:上海人民社,1996:260.

❸ 任毕明.战时新闻学[M].上海:光明书局,1938:126.

来的奇迹。❶

报贩与报馆间利益相交，相互依存，报贩依附报馆而获得生计，报馆则将报纸发行事业完全建筑于报贩身上。对于报馆而言，只有与报贩保持良好的合作和交往，才能保证报纸的顺利发行。因此许多报馆不仅会对报贩许以厚利，还会时常进行情感上的联络。❷像《申报》就专门聘有老报贩作为"掏报人"，并予以厚待，让其负责调解报馆发行部和报贩间的冲突。《申报》历任老板都对"掏报人"十分看重，不仅向其询问报纸发行上的问题，也会征求他对于报纸内容改革等相关事宜的意见。❸尤其是对销量高的国内大报而言，依附其生存的报贩数量众多，故近代中国的大报与报贩的合作关系往往较为稳定和长久。报馆与报贩组织能否有效对接成为报纸能否顺利发行的关键因素。

（二）冲突：报贩与报馆之间的发行博弈

报馆在发行上对于报贩的过度依赖，赋予了报贩与报馆相协商博弈、争夺利益的筹码。报贩凭借自身群体销售的优势及对订户资源的控制垄断，不断蚕食报馆利润。在利益纠葛之下，报贩与报馆的合作关系中亦充满了对抗与冲突。

如前所述，20世纪三四十年代，中国内地报业多被"报贩掌握着发行全权"❹。换言之，只有"很少的都市，报纸的发行不是被报贩子把持着、由报贩子来支配报社的"❺，报贩寡头通过控制手下报贩进而控制报纸销售，从而形成对报业经营潜在的"话语权"。在上海，早期的陆行逊及后起的"四大金刚"等人都是报贩寡头的典型代表，牢牢把持着派报行业，一张报纸的发行必然要与他们合作成为一个既定的事实，因为报纸的营业如果离开他们，其"销路便

---

❶ 于岸青.一张报纸的抗战——大众日报社史撷英[M].济南：山东人民出版社，2018：36.
❷ 任毕明.战时新闻学[M].上海：光明书局，1938：126.
❸ 王润泽.民国前期中国现代报纸的发行途径及其潜规则[J].国际新闻界，2007（7）：75-80.
❹ 佚名.苏州报贩与明报馆[J].快活林，1946（6）：10.
❺ 佚名.报学杂志[N].中央日报，1948：17.

没有把握"❶。19世纪末《新闻报》创办之初,因不满报贩提出的批价要求,另雇贫人、失业者及报童打算自办发行。但在老报贩的抵制下,《新闻报》没有订户资源,所雇之人只能沿街兜售,且老报贩所把持的茶楼烟馆等地盘都不允许进入,《新闻报》的销量受到极大限制。无奈之下,只能重新与报贩头陆行逊进行协商,凭借其力量才得以顺利打开销售局面。❷此后数十年,《新闻报》一跃成为知名大报,报贩陆行逊一直担任该报总报贩,本埠乃至外埠的报纸都须经由他手发行。❸大报尚且如此,新创立或规模较小的报社更是需要仰仗报贩的鼻息。20世纪30年代的上海,"发行权除晶报、小日报因馆址同在望平街关系得独立发行外,其他数十家小报的发行权,全为小报贩所垄断"❹。并且许多实力薄弱的小报没有专门的发行人员,全权由派报社或报贩进行代发,故报纸发行受到极大掣肘。1927年某日上海各大报未能按时发行,大报贩遂下令"今日各报皆不发行,小日报不可专利",于是当日印好的小报都不再分送,经反复商议后,各小报九点半后才被允许发行❺,报贩对于小报发行的控制可见一斑。

  通过对发行的垄断和钳制,报贩亦拥有了挟持报馆的力量。在北平,报贩组织众多、历史悠久,势力也很强大。若报贩提出的苛刻要求得不到报馆的圆满回复,他们就会对该报施以封锁政策,曾经就有"报社虽发出报纸数万,市面竟可不见一张"的事件出现。❻上海报贩同样有着相当强劲的操控市面能力,《商报》最初在上海出版时,《申报》《新闻报》为了给它一个"下马威",便借助报贩之手阻碍其发行。报贩表面上与《商报》合作,背地却将报纸尽数送到废纸店卖掉,使其无法按时出现在市面上,给读者留下了不良印象,销行也受

---

❶ 佚名.望平街的报市[N].申报,1937-05-09.
❷ 马光仁.上海新闻史1850—1949[M].上海:复旦大学出版社,1996:91.
❸ 马光仁.上海新闻史1850—1949[M].上海:复旦大学出版社,1996:385.
❹ 王定九.上海顾问[M].上海:中央书店,1934:542.
❺ 珑玲.昨日望平街观察记[N].小日报,1927-02-22.
❻ 燕京大学新闻学系.新闻学研究[M].北京:燕京大学新闻学系,1932:25.

到很大影响❶，足见其影响力。然而报贩也并非完全的趋利者，在时代的洪流下亦有坚定的爱国情怀，报贩的发行垄断势力与高度组织性，在同汉奸报纸或日机关报对抗时表现得也尤为突出。1928年，面对歪曲事实、造谣生事的日机关报《顺天时报》，北平报夫工会率起抵制，坚决不为其送报，还组织宣传队在北平各大街道张贴标语、散发传单。❷在北平报夫工会及各地各界的坚决抵制下，一个月内《顺天时报》的发行量从原本的1万份直降至800份，可谓效果显著。

报贩与报馆间的博弈绕不开一个"利"字，最常见的导火索便是围绕报价的争夺。报纸批价直接决定双方利润多寡，而定价则关乎销量，报馆须多方权衡以适当调整定价，但报贩只求报价降低则可多销多赚。可见报价变动牢牢牵系着报馆与报贩的各自利益，双方因此乃常起龃龉。报纸批价依照各报的销行状况略有浮动，20世纪40年代上海的报纸批价多为五到七折，但过去很多小报"批价只及报价二成或五左右，而且很难提高成数"❸。为保证报纸顺利发行，报馆宁愿在批价上多加让步以免若干麻烦，为此也催生了许多报界的陈规陋习。1944年发行的《科学的新闻学概论》一书中就提道，"过去有收回最低成本或完全白送给报贩令其售卖一周或三天的办法"❹。新报发行前期将报纸以较低价格或白送给报贩以鼓励其多销，这种规矩在多地都兴有。20世纪40年代的南京，"门槛最精的报馆，所讲妥的最优待条件开始推销的，也要送报三天，对折三天"❺。这种优待报贩的方法是报馆为推销起见而实行的，却助长了业间不良风气，甚至报馆后续想要收回正常批价还须孝敬报贩一些小费才能逐步增长。❻因为忌惮于报贩势力，报馆对报纸定价也不能随意变动，须得与报贩提前商议不可，如若报馆擅自更改，报贩便会"强词夺理，作种种不近情

---

❶ 张秋虫.商报琐闻[M]//现代上海市文化馆.上海地方史资料：(五).上海：上海社会科学院出版社，1986：67-68.
❷ 佚名.北平报夫爱国，宣言不送顺天时报[N].民国日报，1928-09-09.
❸ 佚名.中国报纸新闻学[M].1942，1：170.
❹ 萨空了.科学的新闻学概论[M].文化供应社，1944：159.
❺ 佚名.首都报贩之享[J].香海书报，1946，14：2.
❻ 王定九.上海顾问[M].上海：中央书店，1934：542.

理的要求，要求不达更会集体拒销"❶。1931年因金价飞涨，上海《申报》《新闻报》徐州分馆接总馆命令欲增长报价，就遭到了报贩的群起反对。为了抗议增报价，报贩集体罢工，外埠发来的《申报》《大公报》《益世报》等报纸都被搁置未送，迫使报业公会只得立即召开集会，劝说《申报》分馆暂缓加价。❷1948年9月，北京的《世界日报》也因希望提高报价遭到报贩抵制，第二天报纸还被众报贩堵在报馆内不让派送，致使发行受到阻碍❸，此种事件屡见不鲜。

不仅对报纸定价过多干涉，在实际售卖环节，报贩为了获取更多利益，还时常背着报馆抬高报价，利用商业供求原则自定价目。1929年，《生活周刊》刊登的一则《关于报贩抬价的声明》就表示近期有报贩任意抬高售价的现象。文中提到此报本埠价格仍为一元，但许多报贩的零售价目为"彼等利用商业供求原则而自定"❹。《申报》也遭遇过同样的情形，1944年刊登的一则消息中指出"最近本报常接读者夹信报告，报贩不照规定报费，额外浮收，形成报价黑市，殊堪痛恨"❺。不仅如此，有的报贩还会不守规矩随意要价，在天津就有"熟人可以白看，眼生的随意要钱"❻的情况，时人认为"天津的报贩不一定都是这种情形，但是平均来说，恐怕十个有八个都是这样的"❼。报纸明码标价、定价出售是既定的规则，报贩任意更改报纸售价破坏市场的行为，让读者白白蒙受损失，也损害了报馆的声誉。报馆对此却并无切实有效的对策，虽派人前去督查，但只能制止一时，无法长久。

除此之外，报贩在报纸贩售过程中为了牟利，也会背着报馆通过一些非正常的售卖方式来攫取利润，租报行为就是此中典型。租报出现的具体年代尚未得到考证，据史料推测上海的租报制度是随着《申报》等几家大报的创办逐渐

---

❶ 詹文浒. 报业经营与管理 [M]. 南京：正中书局，1946：124.
❷ 佚名. 徐州报贩反对沪报加价 [N]. 大公报，1931-08-01.
❸ 佚名. 平各报加批发价，报贩反对起纠纷 [N]. 申报，1948-09-05.
❹ 佚名. 关于报贩抬价的声明 [J]. 生活周刊，1929，5（14）.
❺ 佚名. 公开答复为报贩黑市浮故事 [N]. 申报，1944-08-24.
❻ 佚名. 天津的报贩 [J]. 三六九画报，1943，24（6）.
❼ 佚名. 天津的报贩 [J]. 三六九画报，1943，24（6）.

形成的。❶20世纪40年代，上海、苏州、南京多地仍十分盛行租报，报贩在茶馆中将报纸以较售价低廉的价格租给多人传阅，第二天再将旧报纸悉数返还给报馆，不需要额外的本金投入，却能赚得一笔不少的收入。❷20世纪20年代，南京一报贩自述自己的租报活动，他每日傍晚时将当日贩卖剩下的报纸送到夫子庙各茶坊，给吃茶的人阅看，每份收铜元二枚不等。❸除掉本钱，该报贩每月各项卖报收入加起来净赚二十五元五角，租报收入便占了其中的八元，可见租报利益实在不小。报贩用少量报纸供多人传阅，不仅让报馆白白遭受损失，还使得报纸的销数不能够充分扩展，对一些销量不高的中小型报纸来说打击很大。20世纪40年代乃有报人为此发出悲愤的呼声："向租报的读者讨饶"。据该报人所述，当时发行的周报除了少数营业稳定外，没有一家不是亏折的，都打算要停办了。亏损的原因虽然不尽相同，除了自身经营不善外，很大一部分报馆便是因为受到租报的影响。❹

三、余论

近代报贩组织与报馆间既合作又冲突、既互为依存又相互博弈，这种互动与纠葛实为中国近代新闻史上的一幅特殊图景。究其实质，近代报贩的存在适应了我国近代报纸发展水平和实际发行环境，有其出现的合理性和必然性。西方报业发展较早，20世纪起已步入成熟阶段。在欧美日等报业发展良好的地区，报纸发行量大，多的可达百万份，如1896年英国《每日邮报》创刊号发行量就有39万份，1900年前后便轻松突破100万份。为了保证巨额数量和每日多版的发行需求，各大报都建立起完善及大规模的发行组织。像美国《芝加哥每日新闻》的发行科人数从主任到报贩就多达一万二千七百人，由此可保证

---

❶ 洪煜.近代上海小报与市民文化研究（1897-1937）[D].上海：上海师范大学，2006：80.
❷ 佚名.苏州报贩与明报馆[J].快活林，1946，6：10.
❸ 佚名.报贩谈卖报的利益[N].申报，1921-01-15.
❹ 佚名.向租报的读者讨饶！出版人已濒绝境[J].海光（上海1945），1946，21：5.

该报每日七版的有序发行。❶ 我国各大都市报纸发行规模全然无法与之相比，1934年《申报》发行量也仅十五万份❷，小报则通常不过千余份。因此我国近代报纸发行既无须进行大规模的发行组织，对发行技术也并无过高要求，加上很多中小报馆根本无力承担自办发行需要的人力、资金消耗，所以中国近代报贩组织的出现，充分满足了我国近代报纸的发行需求，对于许多资金薄弱的小报馆来说更是拯救发行的救命稻草。

但报贩组织不对读者负责、不受报馆约束，在二者之中蚕食鲸吞发行利润，亦衍变为中国近代报业一大顽疾。黄天鹏认为，中国报纸发行较之欧美来说，"读者之负担重，而报馆所得又较微，此中获利者乃居中之报贩，此应设法改善也"❸。值得注意的是，在报贩的组织化、帮会化运作之下，报贩内部层层剥削，实际上厚利"为少数头目分子所独得"❹。20世纪20年代，有报人就表示办一张小报每期实销五千份，报馆方面只收到六万铜板，大报贩却一人要独拿一万五千铜板，"可见大的报贩赚钱太易，但是这是没有法子的"❺。发行利润被报贩寡头所饕餮，众多街头叫卖的小报贩仍是生活困苦，"每日所得，不足糊口"❻。报贩寡头对上可敲诈报馆，对下又肆意剥削底层报贩，成为横亘在报馆与读者之间一道看不见的高墙。实力雄厚的报馆可与他们"谈条件"，达成相对制衡的伙伴关系，但对许多小报馆来说，由于发行事业完全依赖他们，只能处处让步，受其左右。

对于报馆来说，"一个进步的报社，负责任的社长、经理都应该有一个建树新的发行网的决心"❼。面对报贩的种种不良恶习，有能力的报馆乃尝试自办发行以挣脱报贩的束缚。20世纪三四十年代，《新华日报》在重庆的发行受到国民党当局的严重破坏，派报工会拒绝为其派报，新华日报社便建立起了自

---

❶ 詹文浒.报业经营与管理[M].南京：正中书局，1946：80.
❷ 徐渊若.新闻发行学[M].上海：申报新闻函授学校，1931：5.
❸ 黄天鹏.中国新闻事业[M].上海：联合书店，1930：84-85.
❹ 申时电讯社.十年：申时电讯社创立十周年纪念特刊[M].上海：申时电讯社，1934：162.
❺ 常识报馆.常识大全（第1集）[M].上海：常识报馆，1928：37.
❻ 佚名.谈谈报[N].远东饭店日刊，1926-11-22.
❼ 余润棠.新闻学手册[M].纵横文化事业公司，1947：32.

己的发行机构和队伍，培养了大批报童、报丁，灵活改变送报方式和线路，使报纸在恶劣环境下得以顺利发行。❶然而此种报馆仅为极少数，小报没有充足的资金和人力支撑自办发行的消耗，大报在自办发行过程中也会遭遇众多现实上的问题，都难以完全摆脱报贩的桎梏。为了减少报贩的影响，当时的报人普遍认为，"发行的生路，必在打破报贩操纵而变成直接送达阅户"❷，增加直接订户数量可使报馆与读者建立起直接的联系，避免报贩从中夺取利润，因而许多报纸都尝试过多种方式致力于直接订阅数的扩大。20世纪20年代，张竹平任《申报》经理时，便请好友出面成立了报纸递送公司，培训大量人员，用脚踏车和汽车每晨按时派送《申报》，借机向其他阅户兜售，但效果并未达到预期❸，后想联合《新闻报》共同承担此项费用，也遭到拒绝。❹所以受制于创办条件和实际运作中的困难，中国近代报纸的直接订阅数量一直都十分有限。

"一个报纸的成功，自然要看他的社论政策、新闻内容、纸张及印刷技术和定价等，可是没有一个严密的发行组织使报纸能准确达到读者手里的话，那上面这些因素往往会失其效力。"❺发行可谓报纸命脉，而近代中国报业至为关键的发行环节却多操诸报贩之手，致使报纸发行处处受其钳制，此种境况到新中国成立后才得以扭转。1949年正式推行邮发合一政策，中国报业进入一个崭新阶段，报纸建立起新的流通方式，彻底打破了原有的派报体制，近代意义上的报贩便不复存在了，报贩的桎梏亦被扫进历史的垃圾堆。

---

❶ 张帆.中共中央南方局与新华日报[M].北京：中共党史出版社，2017：200.
❷ 程其恒，容又铭.记者经验谈[M].1943：58.
❸ 王英.张竹平广告理念初探[J].新闻大学，2000，1：65-67.
❹ 杜艳艳.中国近代广告史研究[M].厦门：厦门大学出版社，2013：171.
❺ 余润棠.新闻学手册[M].纵横文化事业公司，1947：32.

民国时期新闻团体的新闻教育实践及成就

廖声武 余 玉 *

我国新闻教育肇始于"五四"运动前后,虽然此后国运不昌,时局多艰,新闻教育在艰难中前行,但经过一个时期发展仍粗具规模,取得了一定的成就。诚然,民国时期新闻教育成就的取得有赖于当时设有报学系的学校和一批新闻教育家,但民国时期成立的一些新闻团体,包括一些专业团体、学术团体和学会、协会等职业团体,对中国新闻教育事业发展也有特殊贡献,成为推动我国新闻教育事业发展一支不可或缺的力量。

一、新闻团体对新闻教育的倡导与实践

(一)新闻团体首倡开设新闻教育

中国新闻教育从倡导到发轫经历了长达 6 年的孕育期。追溯我国新闻教育的源头,最早倡议开设新闻教育的不是政府,也不是学校等机构,而是新闻团体,即 1910 年在上海成立的全国报界俱进会。

"报业教育初兴之时,颇遭报界之轻视"[1]。就像我国记者地位在清末不受重视,在经过维新派报人和革命派报人的新闻实践,尤其民国初年知名记者黄

---

* 廖声武,湖北大学新闻传播学院教授、博士生导师;余玉,南昌大学新闻与传播学院副教授、中国新闻史学会党报党刊研究委员会秘书长。

[1] 戈公振.中国报学史[M].北京:生活·读书·新知 三联书店,2011:237.

远生等人做出了出色表现之后，记者地位才显著提高一样，新闻教育由不受重视转而受重视，这个过程也经历了一段时期。

在民国初年新闻业逐渐发达的背景下，"自此种人材加入报界之后，觉成绩优良，远过于未受专门训练者，于是报界之怀疑始去，而乐与教育界携手。其间有一颠扑不破之公例，即学问绝无害于经验，而有助于经验也"❶。

对新闻教育的呼吁是时代使然，更是新闻事业自身的需要。全国报界俱进会敏锐地发现了新闻界这一新动向。在1912年6月4日上海召开特别大会上，会议通过了七条重要决议案，其中第四条决议就是"设立新闻学校案"，该决议案写道："吾国报业之不发达，岂无故耶？其最大原因，则在无专门之人才。夫一国之中，所赖灌输文化，启牖知识，陶铸人才，其功不在教育之下者，厥为报业。乃不先养专才、欲起而与世界报业相抗衡，乌乎得？"❷这条不足千字的决议案在中国新闻教育史上留下的浓墨重彩之笔，开启了新闻教育倡议之先河。

此后成立的一些报业团体都有开设新闻教育的倡议。1919年4月15日在广州成立的全国报界联合会，是民国时期建立的第一个全国性新闻团体❸，次年，该团体在广州召开第二次常会通过的重要决议案共达14项，其中第十项为"筹建新闻大学案"，并通过了"新闻大学组织大纲"。虽然该新闻团体在一年后即告解散，通过的决议案也未来得及实施，但这一倡议对中国后来新闻教育的良性发展却大有裨益。也在这一时期，国际性的新闻团体也提倡各国开办新闻教育。1915年7月，在旧金山成立的世界报业大会，在檀香山召开了第二次大会，我国派出6人代表团参加。该会通过的决议案中请世界报业大会会长选派六大委员会，而"提倡新闻教育委员会"就是其中之一。中国代表在大会上发言，认为中国新闻事业尚处于幼稚时期，希望美国派送新闻学家到中

---

❶ 戈公振.中国报学史［M］.北京：生活·读书·新知 三联书店，2011：237.
❷ 李建新.中国新闻教育史［M］.北京：新华出版社，2003：33-34.
❸ 曾虚白.中国新闻史［M］.台北：三民书局，1984：246..

国，提倡新闻教育。❶ 国内与国际的新闻团体对新闻教育的倡议相互呼应，新闻教育的观念在民国初年更深入人心。

（二）北京大学新闻学研究会开启新闻教育端绪

以往的新闻团体对新闻教育的倡导还仅停留在观念上，1918年成立的北京大学新闻学研究会则开始了实质性的行动。该新闻团体是我国第一个系统讲授新闻学课程的团体，也是我国将新闻学作为一门学科进行研究的肇始者，中国新闻教育从此扬帆启航。

北京大学（以下简称"北大"）新闻学研究会在早期新闻教育方面也做了有益的探索和实践，一直为后来新闻教育事业所继承和借鉴。其中有两方面经验始终为新闻界所推崇：其一，在教学内容方面，强调学习新闻理论的同时，重视结合中国报界实际，并吸收优秀报人的优良经验；其二，在教学方法方面，重视讲授与研究讨论相结合，课堂活动与实践、参观相结合。❷ 作为新闻团体，它的教学不像正规大学那样在课程设置、教学安排和实践操作诸方面有板有眼，但它应新闻界之需培养了大量应时人才，为我国日后新闻教育方针的确立奠定了基础。

（三）依托大学成立的新闻团体为早期新闻教育做出贡献

自北大新闻学研究会打开中国新闻教育之门，上海、北京、厦门等城市许多大学设有报学系，开始为中国新闻界培养专门人才，这些大学对新闻人才的培养成就甚大。而依托大学成立的新闻团体、学会、协会等组织，它们充分利用大学的新闻教育资源，适时开展新闻教育，其贡献也可圈可点。1922年2月12日，由北京大学部分从事新闻业的师生组成的北京大学新闻记者同志会成立，大会发言时徐宝璜、胡适、李大钊三位教授就指出这类新闻职业团体不但可以"增进友谊，提高学识"，而且可以"提高记者人格，尽为国民宣传

---

❶ 赵建国.分解与重构：清季民初的报界团体.[M].北京：生活·读书·新知三联书店，2008：291.

❷ 方汉奇.中国新闻事业通史（第2卷）[M].北京：中国人民大学出版社，1996：72.

的责任",显然该团体在培养记者方面有意为之;1925年11月29日由戈公振发起组织的一些大学报学系联合创办上海报学社,其宗旨是:"内则提倡读书,外则参观报馆",该新闻团体鼓励用学习理论和参观实践相结合来培养新闻记者;1926年6月11日成立密苏里大学新闻学院同学会上海分会❶,该团体由留学美国密苏里大学的毕业学生组成,还有1929年9月成立的复旦大学新闻学会,这是由复旦大学新闻系学生倡议成立的团体,这两个新闻团体分别依托西方和中国顶级新闻院校而组成的新闻团体,充分利用它们的优势教育资源,对我国早期新闻教育都各自奉献了自己的力量。

(四)"青记"等新闻团体在战火中对新闻教育的坚守

在"九一八"事变之后的抗日救亡运动中,全国新闻界团结合作的趋势日益明显,中国青年新闻记者协会就是在这样的历史背景下,于1937年11月8日在上海宣告诞生,协会推举范长江等五人为总干事。协会由上海转到武汉后,于1938年3月15日改名为中国青年新闻记者学会(以下简称"青记")。该团体是统一战线性质的职业性群众团体,聚集了当时大批进步新闻工作者。它所进行的新闻教育虽不如学校教育那样正规,但在战争岁月里,它通过吸收会员,因地制宜,以多种形式不遗余力推动进步的新闻教育,在中国新闻教育史上,是值得记取的。"青记"以开办新闻讲习班的形式,总会与分会都请当地新闻界有名望有学识有能力及经验丰富者为讲师,给当地新闻记者及有志于新闻工作的青年有进修的机会。"青记"在各地先后还办起了新闻学院、新闻工作研习班、星期新闻讲座、新闻学术讲座等,形式多样,效果甚佳。尤其应提醒的是,1939年4月,"青记"香港分会创办了中国新闻学院,它是我国新中国成立前一所新型的新闻学府,日本侵占香港时停办,解放战争时期又复校,到新中国成立前夕结束,先后共办了五届❷,同时,于1946年9月和1948年10月又开办了函授班和函授学院,"青记"在战火中进行新闻教育的不屈不

---

❶ 申报,1926-06-12.

❷ 方蒙.范长江传[M].北京:中国新闻出版社,1989:222.

挠精神可见一斑。学会每周还出版一期《记者通讯》,以提高会员的新闻业务水平,另外还出版中国新闻手册,以供各新闻工作者平时参考,这是"青记"在战争的艰苦岁月里因时制宜地进行新闻教育,成为当时学校新闻教育的有力补充。值得一提的是,"青记"总会南方办事处举办的"战时新闻工作讲习班",请范长江、孟秋江、陆诒、夏衍等分任战时新闻学概论、新闻采访与编辑、国际形势讲话和对敌宣传等课程的讲师,也训练一些办油印报的技术,为会员提高新闻理论学养和新闻业务水平,并为抗战进入相持阶段的青年记者巩固了抗战军民必胜的信心。

此外,抗日战争前,中国新闻学研究会和随后的中国左翼新闻记者联盟(简称"记联")这两个新闻团体也不同程度地培养了会员,在全面抗日战争爆发前训练了一些新闻工作者。前者于1931年10月21日在上海成立,当时著名的新闻学者黄天鹏、任白涛与研究会来往密切,后者1932年3月20日在上海成立,它们都以灵活的教育形式起到对全面抗日战争爆发前记者进行新闻教育的目的。

二、新闻团体在中国新闻教育方面的成就

(一)首倡开设新闻教育,推动了"新闻有学"在中国的实践

自晚清到辛亥革命之前,中国社会上完全不以为新闻是一门学问,直到20世纪初,新闻记者地位逐步得到提升,尤其自辛亥革命之后,记者(当时称"访员")的地位进一步提高,新闻业开始走向职业化之路,新闻专业主义也开始萌芽,社会需要大批的专业人才,"新闻无学"的观念才开始动摇。此时,全国报界俱进会适时倡导新闻教育,以满足当时新闻业的人才需求,"新闻无学"的观念在新闻界有了改变。

经过一段时期的酝酿,中国的新闻教育诞生了,1918年北京大学新闻学研究会的成立,对新闻教育具有里程碑意义。1920年5月5日,全国报界联合会通过"筹设新闻大学案"和1921年10月世界报界大会请世界各国大会会长选派"提倡新闻教育委员会",使我国"新闻有学"的观念得以强化。自此,

我国新闻教育开始稳定发展。据统计，1920 年至 1949 年全国共有新闻教育机构 58 个，其中 1920 年 1 个，1921 年 2 个，其他 55 个都是 1923 年开始才办起来的。❶ 这足以证明新闻团体倡议新闻教育方面具有开创之功。

（二）成就了早期新闻教育家，推出了一批有影响的研究成果

我国第一批新闻教育家的出现得益于北大新闻学研究会，它不但造就了蔡元培这样一位中国新闻教育的创始人，还造就了徐宝璜、邵飘萍等新闻教育家。研究会聘请的这两位导师在讲课之余，还从事新闻学研究，徐宝璜出版有《新闻学》，邵飘萍出版有《实际应用新闻学》。徐宝璜注重新闻学理的阐释，四易其稿铸就经典，成书为 14 章约 6 万字，于 1919 年出版，是我国最早的新闻学专著，被奉为我国新闻界的"破天荒"之作，对我国新闻学研究影响深远；邵飘萍注重新闻实践层面的思考，是我国早期难得的指导新闻实践的专著。

抗日战争时期一些新闻学研究者在战火中仍坚持学术研究，据不完全统计，1937 年至 1945 年出版的新闻学著作近 70 种❷，这其中就有新闻团体出版的著作，如"青记"编的《战时新闻工作入门》（生活书店出版）就很有影响，是战时新闻学的代表作，由邵力子、张继鸾、范长江、成舍我、邹韬奋等有影响的新闻工作者集体创作而成，内容包括"战时新闻工作的理论与实践""战时新闻记者的修养与学习"等内容，是不可多得的研究成果。

一些新闻团体除了出版新闻学著作外，还创办了新闻学刊物和杂志，不但起到新闻教育的作用，还繁荣了我国新闻学术。北京大学新闻学研究会出版了《新闻周刊》，对一周来的新闻"为系统之记载，下公允之评论"，是我国最早传播新闻学知识的业务刊物；上海报学社在"研究报学，发展报业"的宗旨下，出版会刊《言论自由》，探讨新闻自由学理和争取新闻自由的实践问题；"青记"出版了学会的机关刊物《新闻记者》月刊，探讨新闻学术，并设法充

---

❶ 李建新. 中国新闻教育史 [M]. 北京：新华出版社，2003：72-73.
❷ 方汉奇. 中国新闻事业通史（第 2 卷）[M]. 北京：中国人民大学出版社，1996：511.

实刊物内容，使其担负起新闻学术和新闻教育双重作用；中国新闻学研究会和"记联"也都非常注重新闻学术研究，他们在特殊历史条件下进行学术探讨的精神尤为可贵。前者在成立宣言中就指出："除了致力新闻学之学科的技术的研究外""更将以全力致力于以社会主义为根据的科学的新闻学之理论的阐扬"。"记联"除了创办报刊和通讯社为革命鼓与呼外，也非常注重新闻学理的探讨，它和中国新闻学研究会都尤其关注对新闻的功能和本源问题的阐析。❶

此外，战时其他一些新闻团体，如1939年浙江成立的浙江新闻学会，出版了期刊《战时记者》和新闻学著作，同年四川大学成立新闻学会，出版了《新闻月报》，以及1941年在重庆成立的中国新闻学会在新闻学研究方面也取得一定成就，并出版了《中国新闻学会年刊》。这些新闻团体在特定历史时期配合新闻院校进行了艰难的学术探索，为繁荣我国新闻学术贡献了自己的力量，成为当时学术大家庭中的一分子，这是不可遗忘的。

（三）培育出一大批优秀的新闻工作者

北大新闻学研究会招收的会员有百余人，大批会员把学到的新闻理论和良好经验用以指导新闻实践，成为优秀的新闻记者和编辑，还有不少人成为进步社团和刊物的有一定社会影响的人物。如研究会中的高尚德先后担任《国民》《新潮》《先驱》《政治生活》《工人周刊》《向导》的编辑和记者，是中国共产党建党初期的革命活动家，也是著名的报刊编辑、记者；还有谭鸣谦、谭植棠、区声白等在办报编刊中都表现出色。❷

"青记"1937年在上海创立时，会员仅约20余人，到1940年11月10日，会员则猛增至1156人，各地分会也达到32个，"青记"在战火纷飞中，为我国培养出了许许多多出色的新闻工作者，对抗战宣传发挥了巨大作用。以"青记"香港分会为例，该分会创办的中国新闻学院前后6年，培养学员300多人。❸抗日战争爆发后，来自上海、广州和国内许多地区的报纸记者抵达香

---

❶ 郑保卫.中国共产党新闻思想史[M].福州：福建人民出版社，2004：135.
❷ 陆彬良.我国第一个新闻学研究团体[J].新闻研究资料1980（4）.
❸ 李建新.中国新闻教育史[M].北京：新华出版社，2003：134.

港,还有沦陷区的旅港青年,有志于投身新闻工作,也对宣传抗日救亡充满了热情,但是,他们之中的绝大多数未受过新闻专业训练,很希望能补上这一课。这样,"青记"香港分会在香港主办了中国新闻学院,还开办了新闻函授班、函授学院进行新闻专业教学。学院遵循从实际出发、学用结合的教学原则,明确提出"养成健全之新闻工作人员适应战时新闻事业上之需要"的办学宗旨。❶ 通过短暂培训,让学员取得从事新闻业务的技能。学员还通过阅读"青记"出版的书籍和杂志以及新闻工作手册,享用"青记"设立的小型新闻图书馆等资源快速提高自己的采写水平和新闻素养。"青记"的努力,为抗日战争及之后的解放战争培养出了大批的新闻工作者和其他各条战线的人才。

考察我国早期的新闻教育事业,从培养学员的规模、数量及正规程度来看,民国时期的各专业团体、学术团体、学会和协会等新闻职业团体虽然不是新闻教育的主力军,但这支力量是学校新闻教育的有力补充,甚至在战争环境下成为新闻教育的特殊力量。它同从事新闻教育的各类学校共同推动了民国时期新闻教育的发展,尤其在我国新闻教育的开创方面更是功勋卓著。

---

❶ 钟华.香港中国新闻学院[J].新闻研究资料,1986(35).

北京大学新闻学研究会的新闻教育理念研究

聂远征　吴思琪[*]

诚如著名史学家戈公振在《中国报业史》中所言，北京大学新闻学研究会是"中国报业教育之发端"。该研究会开创了众多"第一"：1917年，北京大学徐宝璜教授率先为文科各系学生开设新闻学课程；1918年，中国第一个新闻研究团体——北京大学新闻学研究会成立；1919年，徐宝璜出版中国第一本新闻理论著作《新闻学》，同年，中国第一份新闻学期刊《新闻周刊》创立。该研究会这些开时代风气之先的创举，不仅向世人传递一种新闻职业理念，而且奠定了国内新闻学的学科范式，并向业界和学界肯定了新闻教育的历史价值。研究会成立迄今已逾百年，媒介技术的发展已经颠覆了传统媒介生态格局，传媒大变革正挑战一切固有的思维理念和生产机制，新闻教育的变与不变是眼下值得深入思考的问题。本文将从教育理念、教学方法、教学成果等角度探讨北京大学新闻学研究会的新闻教育实践，以期对当今新闻教育具有启迪意义和借鉴作用。

一、教育理念

1919年2月19日，研究会宗旨定为"研究新闻原理，增长新闻经验，以

---

[*] 聂远征，湖北大学新闻传播学院院长、教授、博士生导师；吴思琪，湖北大学新闻传播学院硕士研究生。

谋新闻事业之发展"。蔡元培等人在研究会的教学活动中将这一教育理念通过学术教育、职业教育、人格教育三种不同的培养路径一一实现。

（一）发展学理的学术教育

北京大学新闻学研究新闻学理是研究会宗旨的第一要义。研究会成立当晚，蔡元培到会，并提出了几个关于新闻学的核心观点："凡事皆有术而后有学"，"苟不济之以学理，则进步殆亦有限。此吾人取以提出新闻学之意也"，"新闻自有品格也"❶。当时北京新闻学研究会虽暂时命名为"北京大学新闻研究会"，少了一个"学"字，但从其论述中可以看出蔡元培主张新闻学理研究，极其重视"学"的价值。研究会成立的根本目的就是探讨、归纳新闻学理论，从而指导实践。这种发展学理的教育观念形成主要有两方面原因。一是当时国内外新闻教育的基本状况。虽然国外新闻教育的开展比国内大概早十多年，但由于当时国内外的新闻教育都处于起步阶段，新闻教育更多依靠学徒制甚至"新闻无学"的风气大行其道，新闻职业并不受重视。正如胡适所说："从前，新闻事业无人讲究，以为是用不着学的，只要会提笔作文，或能作几句歪诗，不论阿猫阿狗都可以做新闻记者。"❷在这种社会环境下，中国新闻事业需要以学术性教育、专业化培养的方式争取学界和业界的认同，迅速步入正轨。二是蔡元培本人的报业从业经验。蔡元培早年参与创办《苏报》《俄事警闻》《警钟日报》等一批对中国近代史产生巨大影响的报刊，多年的报刊从业经历让他发觉中国新闻事业的发展全凭经验，近代以来中国报业挣扎于西方的资本主义报业经营模式和旧官僚的传统办报习俗中，水土不服，如果总是依循旧官僚的办报经验，机械地全盘套用西方办报模式，不反思自身求诸学理，则中国新闻事业的进步十分有限。

在研究会活动中，落实新闻学理研究的领头人是徐宝璜。1917年，从密歇根大学完成报纸工作者培训项目的徐宝璜入职北京大学文科本科教授。1918

---

❶ 蔡元培.蔡孑民先生言行录［M］.长沙：岳麓书社，2010：183.

❷ 邓绍根.北京大学学子的一次新闻学盛宴——1921年世界新闻教育之父威廉博士北大访问记［J］.新闻与写作，2008（11）.

年春，徐宝璜被聘为研究会导师。徐宝璜在《新闻周刊》的发刊词中特意写道：北京大学设立新闻学研究会的目的，一是"介绍欧美所已发见之新闻学识于中国，二以继为精深之研究，期有所贡献，三以培植明白新闻事业方法及记者责任之人材"❶。蔡元培认为当时欧美各国已经形成了一套成体系的新闻学科。

徐宝璜介绍欧美各国的新闻概况，还带来了欧美国家新闻学教育的培养机制和学术理论，十分契合蔡元培想把新闻教育带入学理轨道的构想。作为研究会主教导师和实际负责人，徐宝璜的留学经历和理论设想几乎奠定了研究会的学理研究走向，他的教学布局也为后来的新闻教育发展构建了最初的模板。

（二）新闻本位的职业教育

增长新闻经验是成立研究会的第二要义。1918年春，蔡元培拟订的《研究会最初的章程》中规定"本会以输灌新闻智识、培养新闻人才为宗旨"。在大约4个月后的改组会议中，研究会宗旨改为"研究新闻学理、增长新闻经验，以谋新闻事业之发展"；在研究内容方面，"新闻之范围"修改为"新闻学之根本智识"外，并新增了"论评""广告术"和"实验新闻学"。章程的各项变化充分表明，增长新闻经验在构建好学术研究的研究路径后被提上了教学议程，职业化、技能化成为研究会的第二大培养目标。

研究会职业教育的实现主要与"一人一刊"密切相关。"一人"指新闻实践经验丰富的名记者邵飘萍。1918年10月31日，《北京大学日刊》发布通告称，增聘邵飘萍为研究会导师。邵飘萍在演讲会上向会员介绍了新闻业务概况，他指出报社由营业、工场、编辑三部分构成，并阐述了各部分的业务要求和职能所在。邵飘萍认为新闻是一门应用性较强的学科，实践经验显得尤为重要。他不仅在课堂上传授新闻实务的知识和技能，还把自己主办的《京报》作为会员实习的基地，积极指导会员运作《新闻周刊》。邵飘萍在研究会仅活动

---

❶ 邓绍根.北京大学新闻学研究会《新闻周刊》初探[J].福建师范大学学报（哲学社会科学版），2009（1）.

半年多，但他向最初的新闻教育注入了"即期实用"的实践基因。他本人也通过授课的机会和会员切磋学理，交流经验，将自己的教学讲义和实践所得上升到学理的高度，后来汇编成《实际应用新闻学》一书。该书成为我国第一部研究新闻采访工作的专著。"一刊"指我国第一份新闻学研究刊物《新闻周刊》。这份报纸1919年4月20日出版，它率先采用了横行式排版，显示出研究会解放思想、勇于创新的精神。徐宝璜把这份报纸的创办目的归结为三点："便会员之练习"，"便新闻学识之传播"，"便同志之商榷"❶。其刊登内容主要来自会员的采写和邵飘萍从业界提供的新闻素材。除此之外，报纸还列出了明确的通讯社大纲，其内部架构和运作模式较为规范完善，这为其成为会员锻炼新闻实务的固定场所提供了条件，也为日后成为新闻界从业人员获知学界最新研究成果的重要途径打下专业基础。《新闻周刊》虽然仅出版3期，但它是国内第一个新闻学研究平台，来自研究会的学理研究、实践探索，与来自新闻业界的交流反馈在此得到融汇。

（三）启迪民智的人格教育

通过新闻人格教育启迪民智是谋求新闻事业之发展的基本路径。新闻的社会功能之一是传播知识、开启民智。一个蓬勃健康的新闻界才能更好地实现这一社会功能，而作为肃清报业积弊的最佳途径，新闻教育直接指向的是一种人格教育。蔡元培认为新闻自有一种品格，并对报刊广告的乱象展开了鲜明的批评："吾国新闻，于正张中无不提倡道德；而广告中则诲淫之药品与小说，触目皆是；或且附印小报特辟花国新闻等栏；且广收妓寮之广告。此不特新闻家自毁品格，而其贻害于社会之罪，尤不可恕。"❷从中可以看出，蔡元培在研究会创立之初就强调新闻职业道德教育和社会公德教育在新闻教学中的必要性。

徐宝璜对于新闻专业教育的加入在很大程度上同样是抱着提升办报人员从业素养、解决报业积弊的初衷。他在《新闻学》一书的自序中称："吾国之报

---

❶ 邓绍根.北京大学新闻学研究会《新闻周刊》初探［J］.福建师范大学学报（哲学社会科学版），2009（1）.

❷ 蔡元培.蔡孑民先生言行录［M］.长沙：岳麓书社，2010：184.

纸现多徘徊歧路即已入迷途者亦复不少。此书发刊之意，希望能导其正当之方向而行，为新闻界开一生面。"❶ 在《访员应守之金科玉律》中，他特意强调："有请勿登载某事者，宜答以最后之决定，权在编辑，不可轻许之。尤不可受贿，为他人隐藏。"❷

值得一提的是，邵飘萍是最早提出通过筹办新闻教育提升报人人格品质和办报水平的导师。他在研究会的第一次讲演中提到："本年之冬，窃以我国新闻事业之不振，良由新闻界人才缺乏之故，不揣冒昧，特致书蔡校长，陈本校应设新闻研究一门，造就人才，为将来之新闻界谋发展。本校新闻研究之课程，自是自有添设之望，不禁狂喜。"❸ 可以看出，邵飘萍倡导要通过研究会塑造报人品格，为报业输送人才。可以说，蔡元培、徐宝璜、邵飘萍三位重要的创始人在研究会创立之初已达成开展有关启迪民智、提升素养的新闻人格教育的共识。

二、教学方法

新闻教育的成熟，对于新闻事业的发展至关重要。研究会成立以来，蔡元培等人积极探索适合中国国情的新闻教学方法和教学模式，既积极辩证地借鉴欧美各国较为成体系的办学经验，也尝试着开辟出一条具有中国特色的新闻教育道路。

（一）注重人文通识教育，平衡跨学科建设的兼与通

在教学内容上，研究会遵循通识教育和跨学科教学的理念。这一理念在导师的讲演和会员学习的专业上均有体现。

其一，诸位导师对于新闻学的学科定位决定了新闻教育的跨学科基因。在成立会演讲中，蔡元培谈了自己对于新闻教学内容的设想："新闻之内容几与

---

❶ 徐宝璜. 新闻学［M］. 北京：中国传媒大学，2016：4-5.
❷ 徐宝璜. 新闻学［M］. 北京：中国传媒大学，2016：35.
❸ 邵飘萍. 邵飘萍新闻学论集［M］. 北京：北京大学出版社，2008：210.

各种科学无不相关。外国新闻多有特辟科学、美术、音乐、戏曲等栏者,固非专家不能下笔。即普通纪事如旅行、探险、营业、犯罪、政闻、战报等无不与地理、历史、经济、法律、政治社会等学有关。而采访编辑之务,尤与心理学有密切之关系。至于记述、辩论,则论理学、及文学亦所兼资者也。根据是等科学,而应用于新闻界特别之经验,是以有新闻学。"❶ 这反映了蔡元培心目中对新闻教育的多维要求。新闻是一个集众学科之所长的学科,它要求从业者不仅要有文学、历史、经济、政治、法学等人文社科类的深厚功底以提供较为广博的知识基础和较为全面的视角,在新闻采编方面也要有与现实中人和物打交道的技巧和能力,在负责特别的专题时还应实现对某一领域的专精。与之类似的,还有邵飘萍在《我国新闻学进步之趋势》中的论述:"理想的新闻记者,必须政治、经济、社会诸学,皆有甚深之研究,此外尤当有一二专门,与夫三国以上之言文,再加以多年之实地经验,则庶几乎可与世界名记者相伯仲矣。"❷

其二,会员不同的学科背景使得实际教学中的跨科学研究成为必然。据不完全记载,研究会成员的学科背景有哲学、史学、法律、政治、英文等,还有一些校外身份的与会人员甚至没有专业背景。这些具备不同学科背景的导师和会员汇集到新闻学这个崭新的领域,对于同一事物的阐述可以产生众多不同的视角和结论,在教和学两方面都会极大地促进跨学科建设。研究会成立期间,实行人文通识教育和跨学科教学有学科背景差异的偶然因素,也有新闻学的学科定位和新闻学发展历史的必然因素,这促使新闻学在诞生之初就朝着一专多能的人才培养目标进发。

(二)博采各国先进的理论成果,力推中国特色的新闻理论

对于我国还处于萌芽期的新闻学,蔡元培等人主张一方面借鉴学习欧美各国先进的理论成果,另一方面根据中国国情探索富有中国特色的新闻学理论。

---

❶ 蔡元培.蔡孑民先生言行录[M].长沙:岳麓书社,2010:183-184.
❷ 邵飘萍.邵飘萍新闻学论集[M].北京:北京大学出版社,2008:214.

20世纪初,中国大学高等教育大多借鉴西方的培养模式,报纸最初也是由西方传入中国,欧美等国已经积累了一些新闻教学经验。因此,蔡元培坚持学习欧美各国的教学模式,力邀在美国密歇根大学接触过新闻培养项目的徐宝璜担任主力导师。蔡元培指出由于"我国社会,与外国社会有特别不同之点",因此"我国新闻界之经验,亦与外国有特别不同之点"❶。徐宝璜在密歇根大学暑期项目中选修了"修辞与批评研讨班"和一门基础新闻写作课,这些课程既介绍了报纸组织的原则、种类、新闻价值、报道的基本结构等概论性知识,也"粗略涉及现代日报采集、准备、分发新闻的机械设备","报道从记者手稿到印制在版面上的生成过程在积极的报纸工作中必须克服的人为、设备障碍"❷。及至加入研究会后,在缺乏参考教材的情况下,徐宝璜充分利用自己在密歇根大学暑期课程中的学业所得和参阅国外的理论研究著作,通过自己准备讲义,前后四次修改讲稿并编撰成书,最终命名为《新闻学》。在《新闻学》自序中邵飘萍谈道:"自信所言,颇多为西方学者所未言及者。"❸

从《新闻学》的研究内容和讲稿四次修改的变化可以看出,徐宝璜围绕新闻的性质和重要性从新闻的定义、职务、价值等理论方面到新闻采集、正文写法、题目编辑等应用层面来写。他在系统地介绍西方新闻理论成果的同时,结合国情阐述了中国新闻事业的发展状况,对与新闻有关的问题借用中国的实际案例有针对性地给出了回答和思考,如在"新闻之编辑"部分,他专门讲述了中国报纸应在排版、标点方面做出改良。可以说,博采各国先进的理论成果,力推中国特色的新闻理论的教学策略,给中国新闻教育留下了马克思主义新闻观的印记。

(三)学与术并重,新闻理论与实践相结合

蔡元培本人重视新闻学理论的建构,会员们的学与术并重。"学"指新闻学理的研究,而"术"指采写新闻实务的技巧和方法。作为人文学科中一门

---

❶ 蔡元培.蔡孑民先生言行录[M].长沙:岳麓书社,2010:184.
❷ 周婷婷.中国新闻教育的初曙[M].武汉:华中科技大学出版社,2013:70.
❸ 徐宝璜.新闻学[M].北京:中国传媒大学,2016:4.

实践色彩较为浓厚的科学，如何平衡新闻学科的"学"与"术"，一直是个有争议的话题。邵飘萍主张新闻人才应在新闻教育中习得深厚的人文底蕴，还要在多年的新闻采写中积累实地经验。他在《实际应用新闻学》一书中写道："外交记者之交际活动，其最重要之任务为访问。盖一切材料大抵皆从访问而来。"❶徐宝璜虽然主要负责新闻学理论的讲授，他同样认为经过理论学习的新闻学子学成后应落实到"术"的层面，以破除新闻业的积弊。在《新闻周刊》发刊词中，他指出"以培植明白新闻事业方法及记者责任之人材。一言以蔽之，欲解决新闻界各问题，使新闻纸之势力足为改良政治与社会之利器也"❷。在蔡元培的教育理念中，大学是做学术科研的场域，他很看重新闻学科的理论建设。蔡元培曾为徐宝璜撰写的讲义《新闻学大意》作序："甚愿先生与新闻学研究会诸君，更为宏深之研究，使兹会发展而成为大学专科，则其裨益于我国新闻界。"❸

　　研究会"学与术并重"教学成果的实现，主要依赖新闻理论与实践相结合，这体现在以下几个方面：首先，聘请学界专家和资深从业人员来校任职，充实师资力量。徐宝璜为会员推介欧美各国的新闻学理论成果，并开创有中国特色的新闻学理论；邵飘萍在搭建的新闻学理论框架上补充新闻采写的方法和技能，达成了"先有学后有术、学术互为补充"的培养模式。其次，在课程安排上，合理安排理论教学和实践教学的比重。研究会的教学项目以一年为期，前半年以讲授为主，介绍新闻学理论知识；后半年以实践训练为主，会员们可以在《新闻周刊》《北京大学日刊》等学校创办的实践平台学习新闻采写。最后，积极与校外的报刊和其他媒体实践资源对接，为学生争取业界的实习机会。邵飘萍在其创办的《京报》上向社会各界大力推介北京大学新闻学研究会，并为会员争取在《京报》的实践机会。除此之外，校方派送会员承接校外组织的宣传工作，据记载会员曾集体为北京市中小学的联合运动会开展采访报

---

　　❶ 邵飘萍.邵飘萍新闻学论集［M］.北京：北京大学出版社，2008：31.
　　❷ 邓绍根.北京大学新闻学研究会《新闻周刊》初探［J］.福建师范大学学报（哲学社会科学版），2009（1）.
　　❸ 蔡元培.蔡子民先生言行录［M］.长沙：岳麓书社，2010：230.

道工作，一切事务均由会员自行主持。

三、教学成果

研究会第一期共招收55名会员，第二期又新增40余人。1919年10月16日的期满式上，第一期55名会员都得到蔡元培亲手颁布的结业证书。会上，蔡元培热情洋溢地总结了此次研究会在中国新闻教育史上的开创性意义："今日为本校新闻学研究会之第一次结束。本校之有新闻学研究，于中国亦实为第一次……但科学之起，必始于草创，始于简单。"他承认研究会的办学经验较浅，所以希望"后此从事新闻事业之人，能以其一身经验研究学理，而引进于学校中"。❶

事实上，很多会员结业后积极投身于办报活动：如毛泽东创办并亲自主编《湘江评论》，并为《大公报》《新青年》撰写了稿件；常惠曾担任北京大学《歌谣》周刊的首任编辑；罗章龙参与创办中国共产党最早的工人报刊《工人周刊》；杨晦组建沉钟社，主办《沉钟》周刊、半月刊和《沉钟丛刊》；高君宇担任过党中央机关刊物《向导》、团中央机关刊物《先驱》、北方区党委机关刊物《政治生活》，以及《工人周刊》等党团报刊的编辑、记者；谭鸣谦、高尚德参与主办《新潮》杂志；萧鸣籁、章温贻、高尚德成为《国民》杂志社社员；谭鸣谦、谭植棠三人创办了《政衡》杂志，并集资创办舆论机关《广东群报》。在报刊的创办和编辑过程中，研究会会员中涌现出一批为旧中国的新闻事业和教育宣传做出重要贡献的新闻骨干。从后续的发展轨迹来看，大多数人选择了从教和从政的道路，其中不少人还站在马克思主义立场的高度，为我党和新中国早期的思想理论建设奠定了坚实的基础。

在新闻学科的建设方面，1919年徐宝璜的讲稿结集成《新闻学》出版发行，这是我国第一部新闻学著作；1923年邵飘萍的讲稿以书名《实际应用新闻学》出版，这是我国第一部新闻采访专著；其间，研究会出版了3期《新闻

---

❶ 蔡元培.蔡孑民先生言行录[M].长沙：岳麓书社，2010：185.

周刊》，这是我国第一个新闻学专业刊物。在我国新闻教育初期，北京大学新闻学研究会率先把欧美各国的新闻学培养模式引入我国，并结合国内实际情况积极探索适合中国新闻事业的新闻教育方式，直接促进了新闻系在北京大学的成立。继北京大学之后，国内多所高校对开展新闻教育产生了浓厚的兴趣，中国的新闻教育开始从萌芽期进入了发展和探索期。

四、结语

北京大学新闻学研究会对建设新闻本位的新闻教育模式进行了有益探索，分别体现在教学理念、教学方法和教学成果三个方面。关于教学理念，研究会根据"研究新闻原理，增长新闻经验，以谋新闻事业之发展"的创办宗旨开创了发展学理的学术教育、新闻本位的职业教育和启迪民智的人格教育的培养路径。根据新闻学科集众学科之所长的治学特点，研究会在教学方法上采取通识教育、博采推新、产学研合作的基本策略，保证了新闻教育在"学"与"术"两方面的统筹兼顾。此外，研究会为早期新闻业发展输送了一大批人才，推动了中国新闻业的革新发展。徐宝璜、邵飘萍等人汇编出版的书籍和主持的报刊在中国新闻教育事业发展史上留下了开创性的贡献。百年来的技术迭代不仅突破拓展着新闻传播的边界，也引起了新闻界在传播理念、传播内容、传播渠道上的深刻变革。因此，对于融媒体视域下的新闻教育来说，在紧跟业界前沿趋势的同时固守新闻专业的边界就显得尤为重要。无论现代传播体系变换成何种样貌，新闻教育需抓住变化中的不变，在秉持北京大学新闻学研究会的创办初心的前提下辩证地参考前辈的办学经验，在吸收前辈优秀科研成果的基础上，顺应历史和时代的发展潮流，在新闻教学的多个方面推陈出新，既传承也变革，既发展又创新，努力推动中国新闻教育步上新的台阶。

中国青年新闻记者学会在武汉

廖声武[*]

中国青年新闻记者学会是抗日战争初期成立，在中国新闻界产生过较大影响的新闻团体。中国青年记者学会（简称"青记"）诞生在武汉，在武汉期间，作为民间社团组织，它为团结全国进步力量抗日救国，起到了积极作用，在中国新闻史上，留下了光辉的篇章。

一、"青记"诞生在武汉

中国青年新闻记者学会1938年3月30日成立于武汉。它的前身是在上海成立的"中国青年新闻记者协会"。

1937年7月7日，抗日战争全面爆发。7月中旬，周恩来代表中共中央到上海检查党的工作。在会见胡愈之、夏衍等人时，周恩来指示加强爱国新闻工作者的团结，组成统一战线。胡愈之、夏衍等同一些新闻界人士商讨后，认为应该在上海组织一个新闻工作者的团体。1937年11月4日下午，新闻界范长江、羊枣、夏衍、碧泉、邵宗汉、朱明、恽逸群等在一起商量，决定组织一个新闻团体———"中国青年新闻记者协会"，并推举范长江、恽逸群、羊枣三人负责筹备工作，发起人中还有《大公报》记者王文彬、章丹枫、孟秋江、

---

[*] 廖声武，湖北大学新闻传播学院教授、博士生导师

陆诒等。❶

  1937年11月8日晚7时,"中国青年新闻记者协会"在上海山西路南京饭店举行了成立大会,出席会议的发起人共15人,会议通过了协会的章程,推举范长江、羊枣、碧泉、恽逸群、朱明5人为总干事,夏衍、邵宗汉等人为候补干事,这时有会员20多人。❷ 今天的记者节就是依此来确立的。会议讨论了当时上海战事的发展趋势,认为全国新闻事业的中心当为武汉,特通过决议,授权范长江到武汉筹备成立"中国青年新闻记者协会"武汉分会。❸

  范长江于1937年11月中旬到达武汉,同武汉新闻界一起筹备建会。经过一个多月的努力,于1938年元旦成立了武汉分会,并成立了武汉和上海两会的联合办事处。3月15日,联合办事处决议将"中国青年新闻记者协会"更名为"中国青年新闻记者学会",并举行第一届全国代表大会。更名的"一个原因是国民党政府不允许我们成立一个职业性团体,以致给他们增添麻烦,要我们成为学术性的团体。另一个原因是我们用'学会'这个名字,它可以教育会员,壮大自己的队伍"❹。

  1938年3月30日下午,中国青年新闻记者学会在汉口青年会二楼礼堂举行成立大会。出席会议的代表,除武汉和上海两地的代表外,还有长沙、广州、西安、成都、重庆、香港和南洋等地的。参加会议的来宾有国民党中宣部部长邵力子、监察院长于右任,新闻界张季鸾、曾虚白、邹韬奋、陈博生、王芸生,《扫荡报》社长丁文安、《武汉日报》社长王亚明、《新华日报》社长潘梓年,还有文化界人士郭沫若、杜重远、沈钧儒、阎宝航、金仲华等,以及苏联塔斯社的罗果夫、美国合众社的爱泼斯坦、美国女作家史沫特莱等国际友人。会上,主席团范长江致开幕词。邵力子、于右任、沈钧儒、阎宝航、爱泼

---

❶ 胡愈之,夏衍.不尽长江滚滚来——范长江纪念文集[M].北京:群众出版社,2004:121.
❷ 王大龙.抗战烽火中的中国青年新闻记者学会[J].纵横,2007(10).
❸ 陆诒."青记"的创立和它在武汉会战前后[M]//新闻研究资料(总第7辑).北京:新华出版社,1981:34.
❹ 冯英子.在武汉的日子[M]//新闻研究资料(总第7辑).北京:新华出版社,1981:54.

斯坦在会上讲话。❶ 会议选举了学会领导机构，由范长江、徐迈进、陆诒、钟期森、夏衍、恽逸群等 11 人为理事，按照统一战线的原则，推举《大公报》的范长江、《新华日报》的徐迈进、《扫荡报》的钟期森为常务理事，并由朱明担任秘书。学会设总务、组织、学术三个组，萧英任总务干事、冯英子任组织干事、朱楚辛任学术干事。学会还聘请新闻界前辈邵力子、于右任、张季鸾、郭沫若等 15 人为名誉理事。❷ 大会通过了《中国青年新闻记者学会成立宣言》，制定了《中国青年新闻记者学会简章》。

"青记"成立后，第一个会址设在汉口华商街济世总里 21 号，是一个仅仅 20 平方米左右的小房间。不久，因为会务的发展，原地已不够用，"青记"将会址搬到江汉路宁波里 12 号。后来又在夏春里租了几间房屋，成立了"记者之家"。在宁波里 12 号的会址，一直用到武汉弃守为止。"青记"凭着这几处会址，接待和团结了广大青年新闻工作者，推动着会务的发展。❸

二、"青记"在武汉期间的活动及其历史功绩

从 1938 年 3 月 30 日成立到同年 10 月 25 日武汉弃守，中国青年记者学会在武汉活动共约 7 个月。7 个月中，"青记"做出了突出的历史贡献。

（一）出版会刊，团结教育广大青年记者

"青记"成立后，出版了会刊《新闻记者》月刊。创刊号于 1938 年 4 月 1 日出版，16 开本，共 34 页，由学术组主编，这是"青记"的机关刊物。虽然由于印刷条件限制，至 1939 年下半年仅出版 7 期❹，并未做到每月出版，它仍起到了对会员进行团结和鼓舞，对当时新闻政策和新闻事业发展进行建议和讨

---

❶ 陆诒. "青记"的创立和它在武汉会战前后[M]//新闻研究资料（总第 7 辑）. 北京：新华出版社，1981：35-36.

❷ 冯英子. 在武汉的日子[M]//新闻研究资料（总第 7 辑）. 北京：新华出版社，1981：46.

❸ 冯英子. 在武汉的日子[M]//新闻研究资料（总第 7 辑）. 北京：新华出版社，1981：45.

❹ 吴元栋. 寻访五十年前的《新闻记者》[J]. 新闻记者，1992（7）.

论的作用，也是比较集中地表达对国是的观点和意见的阵地。❶

创刊号以"代发刊词"的形式，刊发了范长江在"青记"成立大会上的开幕词《青年记者学会组织的必要和前途》。文中指出：组织青年记者学会的目的之一，是进行自我教育，出版专论新闻事业的刊物，举行讨论会和座谈会，"第一，接受前辈新闻记者的经验"，"第二，同辈间的相互教育，各人在刊物上和讨论会上发表各人对新闻工作的见解。"❷

刊物第一期的作者多为当时新闻舆论界的著名人物，如邵力子、张季鸾、陈博生、曾虚白、邹韬奋、潘梓年、金仲华、范长江等，他们都从各个侧面对新闻工作的性质和任务作了论述，并向从事新闻工作的人们提出了希望和要求。

《新闻记者活动的正确动机》一文作者是邹韬奋。他在文中指出，做新闻记者最应该有的是活动力和活动的正确动机。他说："所谓活动力是不怕麻烦的研究，不怕艰苦的探索，有时也包括不怕艰险的奔波。"至于正确的动机，"便是要为社会大众的福利而活动，而不要为自己的私图而活动。我常和长江先生谈起：'我所敬重的朋友都是有事业的兴趣而没有个人的野心。'"邵力子的文章认为，新闻记者要把握和认识时代，不做时代的落伍者。因此，做新闻记者，应该有学问的基础，他所选择的新闻的标准应该具有教育意义，指导社会走向进步，还要有工作的热情和牺牲精神。《文学作品和新闻作品》一文则对文学和新闻的性质和写作方法做了区分：写文学作品是为了抓住读者共鸣的情绪，写新闻作品是为了满足读者求知的欲望。前者要有掩护，有含蕴，才能引人入胜；后者必须开门见山，说明因果，才可令读者痛快。

除此之外，这一期还有介绍香港、厦门新闻界状况的随笔。有关于新闻记者"在抗战中的工作"的座谈会纪要。有介绍苏联报纸现状的译文。尤其是一篇《回到祖国来》的长篇通讯，记述了华侨战地记者服务团从南洋回国，如何经香港、广州，一路辗转到武汉参加抗日救亡工作，写得十分生动感人。❸

---

❶ 冯英子.在武汉的日子[M]//新闻研究资料（总第7辑）.北京：新华出版社，1981：48.
❷ 吴元栋.寻访五十年前的《新闻记者》[J].新闻记者，1992（7）.
❸ 吴元栋.寻访五十年前的《新闻记者》[J].新闻记者，1992（7）.

第二期《新闻记者》刊登了《中国青年新闻记者学会成立宣言》《中国青年新闻记者学会简章》《中国青年新闻记者学会一年工作纲领》。

《中国青年新闻记者学会成立宣言》分析了抗日战争中新闻事业的形势和任务，阐明了"青记"的性质和宗旨。它指出："我们是愿献身于新闻事业有青年精神的记者组合"，"新闻宣传工作的影响，对于抗战有非常重大的作用，新闻舆论可以坚定抗战胜利的信心，可以鼓舞抗战的勇气，可以打击败北主义的倾向，可以激励英勇的士气。""为了补救目前抗战中新闻工作的缺点，为了失去岗位的同业，为了训练成功大批健全的新闻干部以应付将来新闻事业的需要，我们不能不起来组织，不能不赶紧以集体的力量，加强自我教育，加紧自我扶助"❶。

"青记"为了坚持抗战，抵制投降活动，曾召开了几次关于时局意见的座谈会，邀请当时在武汉的各方面知名人士，发表对于国是的意见，坚持抗战，反对投降。这些言论都在《新闻记者》上发表，直接反应了"青记"的政治态度。❷

"青记"一向重视学会会刊对会员作用，除《新闻记者》外，1938年至1940年，"青记"在全国各地的分会在各种报纸上创办的副刊和专刊等共计15种。如广州《救亡日报》副刊《新闻战线》就是由"青记"广东分会筹备处学术组主编，1938年8月1日发刊的。❸

（二）倡导清正廉洁的新闻职业道德

"青记"非常重视团结教育会员，养成清正廉洁的新闻职业道德。

范长江在《新闻记者》上发表《建立新闻记者的正确作风》的文章，对新闻工作者忠实客观事实，严肃自己的生活，廉洁自律提出了要求。在这篇文章中，他指出："有了健全高尚的人格，才可以配做新闻记者。有了健全的人格，才可以谈到其他和技术问题。新闻记者应当是社会所敬重的人物，如果在人格

---

❶ 张静庐．中国现代出版史料丁编（上）[M]．北京：中华书局，193-194.
❷ 冯英子．在武汉的日子[M]//新闻研究资料（总第7辑）．北京：新华出版社，1981：48.
❸ 王文彬．中国现代报史资料汇辑[M]．重庆：重庆出版社，1996：889-890.

上有了根本的缺点，就不能算做新闻记者。"他认为，作为一个新闻记者，最低限度要"第一，必须绝对忠实，必须以最客观之态度，从事新闻工作……第二，必须生活于自己正当收入的工作中，无论如何个人不能取非工作报酬的津贴与政治军事有关之津贴"❶。

抗战之初，国民党将领汤恩伯指挥南口之战，英勇阻击日军，战功卓著。范长江在当时《大公报》上对汤恩伯做了许多正面报道："汤恩伯先生因为日夜辛劳的结果，瘦得不成样子，两个眼睛深深的凹入，整个身体剩下了皮包骨头。""故日夜操劳精密指挥，已半月未曾得一安眠机会，整天和电话、地图接近，时时注意敌人一尺一寸的移动"❷。"青记"成立时，活动经费困难，便开展募捐。汤恩伯听说后，开了一张 5000 元的支票，说是送给范长江个人的，范长江听后大为恼火，认为这是对他人格的侮辱，当场掷还了支票，狠狠地骂了汤恩伯一番。尽管"青记"穷困，面对 5000 元的巨款，却弃之如敝屣，绝不拿一分非份之财，这是"青记"倡导的廉洁的作风。❸

（三）团结各方面力量，积极服务抗战、宣传抗战

按照"青记"成立时拟定的工作纲领，"青记"应在 2 个月内，成立徐州分会。❹ 因为徐州是第五战区司令长官部所在地，中外记者较为集中。经《动员日报》《大公报》和《扫荡报》记者的积极筹备，5月9日，"青记"徐州分会成立。"青记"和各方面记者在工作和生活上通力合作，表现出了团结互助的精神，完全摒弃了过去那种"同行不合作"的新闻界旧作风。

徐州分会成立不久，徐州突围开始。在徐州的中外记者 30 多人也随部队突围。在突围的十多天里，记者们边行军，边报道消息，5 月下旬先后回到武汉。"青记"总会、武汉各报社为徐州突围归来的会员举行欢迎会，表示慰问。在会上，各人报告不同的经历和沿途所见的军民英勇抗战事迹，有人建议，把

---

❶ 冯英子.在武汉的日子［M］//新闻研究资料（总第7辑）.北京：新华出版社，1981：54.
❷ 汤恩伯与南口战役［EB/OL］.http：//bbs.tiexue.net/post_3184347_1.html.
❸ 冯英子.新闻记者不爱钱［J］.新闻记者，1997（12）.
❹ 张静庐.中国现代出版史料丁编（上）［M］.北京：中华书局，197.

这些材料写下来，由"青记"负责编辑成书。不久，这本集体创作就以《徐州突围》为名，由生活书店出版。❶

保卫大武汉期间，"青记"工作非常紧张，一方面要加强业已建立分会的成都、长沙和广州等地的联系，推动工作的发展；另一方面又要接待各地来往武汉的记者及华侨报纸的记者，定期和不定期举行各种座谈会、讨论会，交流战时新闻工作的经验。作为当时全国性的群众团体，"青记"还参加了在武汉招待国际友人、慰问伤兵和难民以及各种庆祝、纪念和示威游行活动。❷

武汉会战的高潮是在1938年8—9月中，"青记"组织了"战地书报供应队"，利用上前线的机会，为前线部队输送了一些书报，会员孟秋江在8月购买了《大公报》《新华日报》《武汉日报》《扫荡报》等报纸460份派人送往马回岭前线，供部队阅读。孟秋江去德安前线采访，又买了大批《大公报》《新华日报》带往前线。范长江、陆诒前往南昌，带去了"青记"总会、长沙分会和生活书店共同捐赠的报纸2000份。❸"青记"还在阳新、通山一带的三十一集团军中建立了"三十一文化兵站"，供应一部分书报和士兵读物。这些工作得到前线部队的热烈欢迎。❹

中国的抗战是世界反法西斯战争的一个重要组成部分，许多外国记者来到中国实地采访报道中国的抗战。美国、法国、苏联等国均有多名记者来到武汉，有的外国通讯社还在武汉设有分社。"青记"千方百计为他们提供各种方便，会员们也常同他们一起出入战地，亲临前线，结下友谊。

"青记"还积极协助华侨记者做好战时报道工作。"青记"理事、原马来西亚槟榔屿《现代日报》的总编辑曾圣提，曾组织"华侨战地记者通讯团"回国进行战地采访。这些从国外回来的记者，人地生疏，语言不通，在工作中遇到

---

❶ 陆诒. "青记"的创立和它在武汉会战前后［M］// 新闻研究资料（总第7辑），北京：新华出版社，1981：37-39.

❷ 陆诒. "青记"的创立和它在武汉会战前后［M］// 新闻研究资料（总第7辑），北京：新华出版社，1981：39.

❸ 冯英子. 在武汉的日子［M］// 新闻研究资料（总第7辑），北京：新华出版社，1981：53.

❹ 陆诒. "青记"的创立和它在武汉会战前后［M］// 新闻研究资料（总第7辑），北京：新华出版社，1981：41.

很多困难,"青记"向他们提供情况和建议,帮他们选择采访地点。使他们很快适应了国内的采访报道工作,向海外报道祖国的抗战情况。

　　武汉会战后期,战事节节失利,从前线回到汉口的战地记者越来越多,为了安置从前线回来的各报战地记者,"青记"临时在长春里租了几间房子,开办了"记者之家"。在这里,大家互相帮助,共同合作翻译电讯码,提高了工作效率,因而"记者之家"颇受记者们的欢迎。❶

　　武汉战事吃紧之时,周恩来同志参与策划下,决定以"青记"会员为骨干,组成一个通讯社❷,向国内外发稿,宣传抗战、宣传团结、宣传进步,打破国民党中央社的新闻封锁。武汉失守前夕,范长江和陈侬菲退到长沙,着手成立通讯社的工作。1938年10月20日,国际新闻社在长沙成立,范长江任社长,基本队伍是"青记"会员。❸国际新闻社在抗日战争和解放战争时期一直是党领导下的新闻机构,这是武汉时期"青记"历史上的一个重大贡献。

---

　　❶ 冯英子.在武汉的日子[M]//新闻研究资料(总第7辑).北京:新华出版社,1981:51-56.
　　❷ 广西日报新闻研究室.国际新闻社回忆[M].长沙:湖南人民出版社,1987:13.
　　❸ 王大龙.爱国进步的旗帜 战火中涅槃的凤凰——记中国青年记者学会在抗战中的历史作用[J].新闻三昧,2005(9).

"青记"的创新性实践及其启示

廖声武　胡　蕾[*]

中国青年新闻记者学会（简称"青记"）由范长江、羊枣、夏衍、恽逸群等人发起创办。1938年3月30日在武汉正式成立。"青记"为抗战而生，为抗战而努力。"青记"从上海创立时仅20多名会员，1938年年底发展到五六百人，到1940年11月统计已有1156人，最多时达2000多人。在全国建立了几十个分会。"青记"在中国共产党的影响和支持下，成为抗日战争期间团结进步青年新闻记者的中心，解放战争时期其部分分支机构继续活跃在新闻战线上。"青记"后来被确认为"中国记协"的前身。❶

在"青记"诞生之前，中国的新闻团体特别是早期的团体大多是以同业公会组织出现的，它是由报人自发地组织起来的，其作用主要是"互相长益、互相扶助、互相交通"。它通过业务工作及其组织工作，以同业组织的形式表达报人群体的政治参与，在捍卫国家主权、表达自身独特的职业诉求和社会诉求、积极抵制对报界的钳制、维护报界权益、培养新闻传播人才等方面，起到了重要的作用。

"青记"诞生之时，正是国家民族面临危亡之际。为抗战而奔走呼号，是"青记"的信念，也是其使命。作为新闻团体，"青记"在出色履行其政治使命之外，在组织自我建设和社会服务方面也有诸多创新性实践。

---

[*] 廖声武，湖北大学新闻传播学院教授、博士生导师；胡蕾，武汉东湖学院文法学院院长、教授。

一、"青记"的创举

(一) 订立"记者公约"

加强新闻工作者的新闻职业道德修养，是中国新闻工作者的优良传统。中国青年新闻记者学会成立后，"青记"领导人范长江在其会刊《新闻记者》上发表过许多文章，其中一篇《建立新闻记者的正确作风》就对新闻工作者忠实客观事实、廉洁自律提出了要求。他指出："有了健全高尚的人格，才可以配做新闻记者。有了健全的人格，才可以谈到其他和技术问题。新闻记者应当是社会所敬重的人物，如果在人格上有了根本的缺点，就不能算作新闻记者。"他认为，作为一个新闻记者，最低限度要"第一，必须绝对忠实，必须以最客观之态度，从事新闻工作……第二，必须生活于自己正当收入的工作中，无论如何个人不能取非工作报酬的津贴与政治军事有关之津贴"❶。

"青记"在武汉时期，"青记"提出的会员信条是："努力自我修养，健全本身人格，巩固共同意志，促进新闻事业，维护大众利益，发扬民族精神"。汪精卫公开投敌后，"青记"又向会员提出了一个"记者公约"草案，规定6条："一、拥护抗战建国纲领，促进中华民族之解放与建设；二、坚持新闻岗位，为新中国新闻事业而奋斗；三、不收受非法金钱，不曲用自己笔尖；四、发扬集体主义，加强新闻记者之团结；五、建立平凡坚韧之工作与生活作风；六、努力自我教育，提倡工作与学习并重之精神。"❷这个公约的出台，比马星野依照美国相关记者信条所撰写，在国民党操办的1941年中国新闻学会第一届年会上通过的《中国新闻记者信条》要早许多。

"青记"言行一致。抗日战争之初，国民党将领汤恩伯指挥南口之战，英勇阻击日军，赢得称赞。在当时《大公报》上，范长江对汤恩伯做了许多正面报道："汤恩伯先生因为日夜辛劳的结果，瘦得不成样子"，"故日夜操劳精密指挥，已半月未曾得一安眠机会，整天和电话、地图接近，时时注意敌人一尺

---

❶ 范长江.范长江新闻文集[M].北京：新华出版社，2001：795-796.
❷ 冯英子.重庆的斗争[M]//新闻研究资料（总第7辑）.北京：新华出版社，1981：73.

一寸的移动"。"青记"成立时，活动经费困难，便开展募捐。汤恩伯听说后，开了一张 5000 元的支票，说是送给范长江个人的，范长江听后大为恼火，认为这是对自己人格的侮辱，当场掷还了支票，狠狠地骂了汤恩伯一番。这件事情，对"青记"会员们是一个很大的教育，也成为"青记"恪守廉洁、践行公约的一个优良传统。❶

"青记"的重要成员冯英子后来讲到过他的一次经历。1939 年 9 月，冯英子从重庆东下，来到李宗仁所辖第五战区的游击区，在当时监利县政府，从县长口中得知，驻守仙桃镇的是一二八师师长王劲哉。此人占地为王，割据一方。听说此人后，冯英子决定去仙桃镇采访。到达仙桃镇后，冯英子受到王劲哉的礼遇，王劲哉不仅接受他的采访，与他共进晚餐，还安排他住在自己一个冯姓的副官家里。第二天早上，他们一起吃完早餐之后，王劲哉拿出自己的照片送给冯英子，并送他 100 块钱。但冯英子想，我是中国青年新闻记者学会的会员，决不能接受任何馈赠。为防不测，他收下这笔钱，向王劲哉告辞后，来到冯副官家，将 100 块钱送给了冯家的两个小孩。从这件事可见，"青记"的会员们是在工作中自觉约束自己、修炼人格的。❷

（二）主动开展战地服务

"青记"在前线采访的同时，也主动开展战地服务。武汉保卫战期间，记者们在采访中发现，部队士兵很多都是北方人，饮食上吃不惯南方的米粉，加上部队在盛夏南方的山岳地带行军作战，水土不服，疟疾流行。最糟糕的时候，病员占到全军半数以上，而部队却没有治疗疟疾的药品。记者们将自己亲眼看到的这些问题写在战地通讯中加以报道，同时利用采访军事委员会高层的机会向相关领导人反映。

"青记"会员记者们在采访中还发现，除了饮食和疾病之外，部队作战的地方，由于广播还不普及，报纸也没有办法送到，官兵对外界信息知道得很

---

❶ 冯英子. 回忆长江［M］// 新闻研究资料（总第 28 辑）. 北京：新华出版社，1984：153.

❷ 冯英子. 鄂中探险记［M］// 新闻研究资料（总第 13 辑）. 北京：中国展望出版社，1982：55—60.

少。记者们呼吁要改变这种情形。此时,"青记"总会和几个救亡团体正在筹备设立"战地文化服务处",还指定在江西南(昌)浔(九江)线上随军采访的孟秋江、李洪等人组成"战地书报供应队",利用上前线的机会,为部队送去一部分书报。后来,又在阳新、通山一带的 31 集团军中建立"三十一文化兵站",为军队供应一部分报纸杂志和士兵读物。❶1938 年 8 月,孟秋江等购买了在汉口出版的《大公报》《新华日报》《武汉日报》《扫荡报》和在南昌出版的《工商日报》《剑报》《政治日报》等,共 460 份报纸,派人送到前线。8 月 27 日,孟秋江赴前线采访,又购买了大批《大公报》和《新华日报》送到前线。后来,范长江、陆诒到南昌,又带去了"青记"总会和长沙分会、生活书店捐赠的 2000 份报纸。这一次,除了部队机关外,每个师分配到了 72 份报纸,对鼓舞前线将士的士气起到了极大的作用。❷

（三）设立记者之家

"青记"成立后,记者们立即开赴前线,进行战地报道。1938 年 9 月,长江下游战事吃紧,日军溯江而上,直逼武汉。从前线回到汉口的战地记者也日益增加。为了安置从前线回来的各报社记者,"青记"在汉口长春里租了几间房子,开办记者之家。记者之家的开办,记者们在一起共同工作,成为一个战斗的集体。例如,记者们向报社发回的电讯,都要由自己译成电码,才能迅速发出,如果电码不熟,一份电码得花费不少时间,但大家集中在一起,就可以取长补短,相互合作,比较快捷。因此,记者之家很受大家的欢迎。

记者之家尽管房舍简陋,但让无处安身的记者们有了休憩场所,使入住者有了家的感觉。妇女文化工作者胡耐秋撰文道:"在民族复兴的血战里,我们是生息在沙场上的。千万的居民,失去了他们的房屋,我们流浪的记者,哪有家呢? 有的,这就是能让我们暂时安居一日、两日的汉口记者之家。这里有年

---

❶ 韩辛茹.陆诒 [M].北京:人民日报出版社,1995:152-153.
❷ 冯英子.在武汉的日子里 [M]// 新闻研究资料(总第 7 辑).北京:新华出版社,1981:53-54.

长的哥哥，新来的弟弟，统统在一个伟大的企图之母亲的策动下活动着！我爱着记者之家啊！正因为爱它，然而职务叫我不断出发前方，所以我还得迅速地离开它！"❶ 重庆《大公报》采访部主任徐盈曾写过一首打油诗："又到记者之家，记者之家生意兴隆，容光焕发。碧星闪烁于上，宝瑚堤决于下，药眠大师使用法宝蒲拉托。乃见——高天共长江一色，有绿椅一架正向西出发。"打油诗中的碧星指陈碧星；宝瑚指石宝瑚，此时正患腹泻；药眠指黄药眠；蒲拉托是一味补药名；高天、长江系高天和范长江；绿椅是陆诒的谐音。这首打油诗描写了在记者之家里，作者见到了 6 位青年记者当时的状态，并且用他们的名字巧妙地描绘出他们当时的精神和生活状态，充分体现了"记者之家"里年轻记者青春飞扬、团结友爱的精神面貌。为记者之家写过诗和短文的还有陆诒、高天、胡兰畦等。❷

（四）进行自我教育

中国青年新闻记者学会起初的名字叫"中国青年新闻记者协会"，登记时，由于国民党当局不允许成立职业性组织，于是以学术性组织"学会"的名称登记。成立大会通过了学会章程。章程指出：学会的宗旨是"研究新闻学术，进行自我教育，促进中国新闻事业之发展，求取新闻事业及其从业员之合理保障，以致力中华民族之解放与建设"❸。范长江在致开幕词时，着重说明组织学会的目的之一，就是进行自我教育。进行自我教育的方式，一是出版讨论战时新闻工作和新闻学术的刊物；二是利用座谈会或讨论会的方式，学习新闻界前辈的经验，交流工作经验，促进相互学习。❹

"青记"主办的会刊《新闻记者》，在武汉出版 7 期，在长沙出版 1 期，后移到桂林继续出版。《新闻记者》的出版是朝着学会章程提出的宗旨而努力

---

❶ 方蒙.范长江传［M］.北京：中国新闻出版社，1989：223.
❷ 冯英子.在武汉的日子里［M］//新闻研究资料（总第 7 辑）.北京：新华出版社，1981：55-56.
❸ 方蒙.范长江传［M］.北京：中国新闻出版社，1989：218.
❹ 韩辛茹.陆诒［M］.北京：人民日报出版社，1995：147-148.

的最好证明。刊物第一卷第2期主题是"抗战建国问题",第3期主题是"欢迎世界学生代表团",第4期主题是"战地工作",第5~6期主题是"探访工作",第6~7期主题是"战地新闻工作",第9~10期主题是"战时新闻政策"。第二卷第3~5期主题是"战地报纸问题",第7期主题是"战地新闻事业",第9期主题是"新闻事业介绍",第10期主题是"东亚新闻事业"。其中一些文章,如《论新闻采访与报道》《怎样写空战报道》《怎样处理新闻》《怎样做一个战地通讯员》等,是对新闻业务的研究;还有一些文章如《西南的新闻事业》《广西的新闻事业》《香港的新闻界》《澳门的新闻事业》等,是对我国新闻事业宏观的研究。

除了学会刊物之外,学会还由各地分会在所在地报纸上出版新闻专刊,如广州、桂林的《救亡日报》,桂林的《扫荡报》《广西日报》,吉安的《大众日报》《民国日报》,甘肃的《民国日报》,成都的《新民报》,韶关的《大光报》,香港的《星岛日报》,重庆的《国民公报》等。这些刊物、专刊的主要内容是进行新闻理论指导,交流学习与实践经验,提高记者的思想和业务素质。❶学会领导人范长江对会员们的学习抓得很紧。他曾撰文说:"我们这班青年的新闻从业员对于新闻工作,是想把它做成事业,不只是一个职业。事业是为公共服务的,比较永久的,职业只是个人的一时的生活问题。要能开展事业,一个新闻工作者没有不断进步的知识和能力,是绝对无法胜任的。要进步就要有学习。学习与工作是不能分离的事情……不能不断学习,不能不断进步,怎样能担负真正指导舆论的工作呢?"❷

范长江在不同时期,结合当时的形势,提出具有针对性的具体要求。他认为,要提高新闻报道的质量,记者必须加强自我教育,培养高尚品质和优良的工作作风。他在《怎样做新闻记者》中提出青年记者加强自我教育的要求:第一,要有坚定的政治方向。没有正确的政治方向,等于航海的船没有了指南针;第二,要有操守。新闻记者面临各种诱惑与压迫,"要能坚持着

---

❶ 方蒙.范长江传[M].北京:中国新闻出版社,1989:222.
❷ 广西日报新闻研究室编.国际新闻社回忆[M].长沙:湖南人民出版社,1987:27-28.

真理的火炬,在夹攻中奋斗,特别是在时局艰难的时候,新闻记者要坚持真理,本着富贵不能淫、贫贱不能移、威武不能屈的精神,实在非常重要";第三,是学习知识。这个知识,既要博,又要精。要终生不停地刻苦学习,向博和精的途上迈进。第四,是学会各种技术,既包括新闻专业技能如打字、摄影、译电等,也包括与新闻采访有关的社会技能如骑自行车、驾船、开飞机等。❶

除了办刊物,"青记"自我教育的方式是每周在记者之家举行座谈会、讨论会,以提高认识,联络感情;每周出版墙报,交流工作、学习心得。陆诒撰文说:"有了记者宿舍,不仅仅是睡得比门板稻草要强一些,而且这里有集体的生活,集体的工作,集体的学习!期望会友们来住得更多,期望在全中国各处都有美满的记者之家。"❷"青记"在长沙期间,长沙分会组织会员文化界、新闻界座谈会,讨论"战时新闻政策"。撤到桂林后,成立南方办事处,南方办事处组织会友小组,每周定期组织小组会议,交流工作经验和读书心得。当时建立会友小组的有南方办事处本部工作人员、国新社、救亡日报社、新华日报桂林分馆、扫荡报桂林分馆和华侨战地记者团等。❸

(五)创办国际新闻社

国际新闻社(以下简称"国新社")在武汉沦陷前的1938年9月开始筹备。当时,云集在武汉的外国记者因为无法得到正确的战地消息而不满,为了满足外国记者的需要,国民党不得不成立了"国际宣传处"。这个机构归属国民党中央宣传部领导。由于周恩来同志积极贯彻执行了党的统战政策,国际宣传处的处长对于进步的新闻工作者也有比较合作的态度。在周恩来同志参与筹划下,范长江、胡愈之等经过商量,决定以"青记"会员作为骨干成立新闻通讯社。❹由于此前从上海撤到香港的恽逸群等同志在香港成立了国新社,向海

---

❶ 方蒙. 范长江传 [M]. 北京:中国新闻出版社,1989:228-230.
❷ 方蒙. 范长江传 [M]. 北京:中国新闻出版社,1989:223.
❸ 韩辛茹. 陆诒 [M]. 北京:人民日报出版社,1995:154.
❹ 方蒙. 范长江传 [M]. 北京:中国新闻出版社,1989:246.

外发稿，颇有影响，遂借用其名，香港的国新社变更为香港分社。10月20日，国新社在长沙正式成立，向国际宣传处供稿，同时向国内报社发稿。国新社是由中国共产党领导的通讯社。"青记"是一个统一战线的群众组织，国新社则是一个革命新闻事业机关。

1938年11月12日，长沙燃起大火，国新社与"青记"一起撤到桂林。为了保持政治上的独立性，坚持革命立场，国新社不接受经济上的资助，采取生产合作社的形式。为了让国内外读者了解政治形势和动向，国新社约请了一批知名的专家学者撰写专稿，供各地报纸采用。这些专家学者有张友渔、张铁生、刘思慕、羊枣、夏衍、陈瀚笙、骆耕漠等。国新社在发布新闻稿时，采用了以不同形式、类别的稿件发给不同的新闻媒体的方式，以适应不同读者的需要。对国内读者的媒体，发给他们新闻稿、特约专电、新闻通讯、专论等；对国外媒体，则发给他们祖国通讯、国新通讯，后来在香港还发布英文的远东通讯等。❶

（六）举办新闻教育

中国青年新闻记者学会成立之前，新闻教育除了高校之外，大多是依托媒体或大学成立的新闻团体开办的新闻学校来开展的。"青记"成立后，它积极尝试创办新闻教育，它所进行的新闻教育虽不如学校教育那样正规，但在战争岁月里，它通过吸收会员，因地制宜，采用多种形式不遗余力地推动进步的新闻教育，这在中国新闻教育史上，是一个创举。

"青记"的新闻教育开展，是在各地举办的新闻学院、新闻工作研习班、星期新闻讲座、新闻学术讲座等，形式多样。"青记"总会与分会请当地新闻界有名望有学识、有能力及经验丰富者为讲师，给当地新闻记者及有志于新闻工作的青年授课。

"青记"转移到桂林后，设立了南方办事处。广西当局觉得自己办的报纸不能令人满意，新闻人才太少，于是支持"青记"办培训班。经过不到两星期

---

❶ 方蒙. 范长江传［M］. 北京：中国新闻出版社，1989：245-248.

的筹备,"青记"的"战时新闻工作讲习班"就开班了,学员大约80人,晚上上课。讲习班讲授战时新闻学概论、新闻采访与编辑、国际形势讲话和对敌宣传等课程,也讲授一些办油印报的技术。上课的教师有范长江、孟秋江、陆诒、夏衍、钟期森、王文彬等,徐特立同志也来讲习班做过报告。❶ 讲习班提高了会员新闻理论学养和新闻业务水平,并为抗战进入相持阶段的青年记者巩固了抗战军民必胜的信心。

1939年4月,"青记"香港分会创办中国新闻学院,它是中国共产党领导下创办的新闻学校,日本侵占香港时停办,解放战争时期又复校,到新中国成立前夕结束,先后共办了5期。同时,于1946年9月和1948年10月又开办了函授班和函授学院。新闻学院和函授班、函授学院先后毕业的人数达300人以上。在中国新闻学院授课的教师中著名的人士有:郭步陶、金仲华、刘思慕、楼适夷、乔冠华、邵宗汉、羊枣、徐铸成、恽逸群、范长江、萨空了、高天、千家驹、廖沫沙、黄药眠、陆诒等。❷ 学会每周还出版一期《记者通讯》,以提高会员的新闻业务水平,另外还出版《中国新闻手册》,以供各新闻工作者平时参考。

二、"青记"创举的启示

"青记"从诞生至今已有80多年历史,2000年国务院批复中国记协,将"青记"创立的日期定为中国记者节。回首"青记"往事,对今天我们团结广大新闻工作者,创造性地做好新闻工作,仍有启示意义。

(1)中国青年新闻记者学会是抗日战争中诞生的群众性团体,他们是一群热血青年,他们十分重视"新闻宣传工作的影响,对于抗战有非常重大的作用",认为"新闻舆论可以坚定抗战胜利的信心,可以鼓舞抗战的勇气,可以打击败北主义,可以激励英勇的士气"。他们团结在一起成立这样一个组织,

---

❶ 方蒙.范长江传[M].北京:中国新闻出版社,1989:222.
❷ 钟华.香港中国新闻学院——记解放前一所新型的新闻学府[J].新闻研究资料,1986(2).

一方面是为了报道抗日战争方面的新闻,另一方面也希望通过组织团体训练造就未来新闻事业的人才。"为了补救目前抗战中新闻工作的缺点,为了失去岗位的同业,为了训练成功大批健全的新闻干部以应付将来新闻事业的需要,我们不能不起来组织,不能不赶紧以集体的力量,加强自我教育,加紧自我扶助。"❶ 正是这种在国家民族生死存亡的危急关头,这个群体中的进步力量勇于实践,敢于担当,并且自觉接受中国共产党的影响,自觉学习马克思列宁主义,把中国青年新闻记者学会办成了一个追求进步,在新闻团体建设中多有创新的组织。

(2)中国青年新闻记者学会在其存续期间,做了诸多在中国新闻史上无人出其右的工作:其一,为加强自身组织建设,订立"记者公约",这对约束记者职业行为,形成职业规范,起到了积极作用;其二,"青记"是一个记者团体,它的使命和职责是做好新闻报道,但它深入前线,主动开展战地服务,担负起组织的社会责任,十分难能可贵;其三,它为会员切身利益着想,设立记者之家,为前线采访归来的记者们提供便利,让记者们有家一般的感觉;其四,"青记"重视队伍建设,重视对会员进行自我教育,通过刊物学习、通过开座谈会、讨论会等形式,让会员在政治上保持坚定的立场,专业技能上有过硬的本领,能够担负起引导民众、引导舆论的时代重任;其五,"青记"在自己的组织之内创办一个新的组织——国际新闻社,在一个统一战线组织中内生出一个完全由中国共产党领导的革命新闻事业机关,为进步青年提供了通过革命实践,学习马克思主义毛泽东思想的机会,为党培养了一支能打硬仗的新闻队伍;其六,为适应抗战需要,"青记"举办新闻教育,在桂林举办"战时新闻工作讲习班",在香港开办"香港中国新闻学院"、函授班和函授学院,为抗战新闻事业和新中国建设事业培养了大量的各方面人才。所有这些都是"青记"领导人和"青记"群体在中国共产党的领导下,紧密结合实际斗争的需要,创造性地开展工作的结果,在中国新闻史上闪耀着夺目的光辉。

---

❶ 范苏苏,王大龙.范长江与青记[M].北京:北京工艺美术出版社,2008:203.

（3）新闻团体是一个民间组织，它是不同媒体的新闻从业者的联合体，但它又有共同点、旨趣、大体相似的目标，因此在实现目标的过程中，具有其独特的作用。"青记"组织的成员来自海内外各个媒体，成员有各自的政治倾向，有各自的个性，"青记"通过前述各种方式，将不同的成员紧紧团结在自己的周围，为民族救亡的伟大斗争而努力，这是"青记"的卓越之所在。这也是我们今天重温"青记"事迹和精神可资借鉴的地方。

中国近现代新闻团体研究的学术史梳理与反思

廖声武　郑永涛 *

在中国近现代史上，新闻团体大多是以同业公会的面貌出现的。新闻团体大多是由报人自发地组织起来的，其目的是"互相长益、互相扶助、互相交通"。随着时代的发展，新闻团体通过业务活动及其组织工作，以同业组织的形式开展新闻团体的政治参与，在捍卫国家主权、职业诉求和社会诉求，抵制对报界的钳制、维护团体的权益、培养新闻人才等方面，发挥着十分重要的作用。

在中国近现代新闻史研究中，研究者大多关注新闻传播事业、媒体发展、媒体传播活动、媒体经营等，而这一阶段有一个重要的新闻现象——出现中国新闻团体（1906年出现，到1949年中华人民共和国成立），直至现在，人们对它的研究都没有给予足够的重视。

本文就国内相关基础性研究进行了全面系统的梳理，对新闻传播史上这一重要部分进行系统研究，以期有助于了解中国新闻团体的发展状况，对全面、系统地研究中国新闻史起到基础性的作用。

一、新闻团体文献资料的收集整理

除了对新闻团体在相关领域的研究之外，学术界有关新闻团体的史料收集

---

* 廖声武，湖北大学新闻传播学院教授、博士生导师；郑永涛，湖北大学2018级文化与传播方向博士生。

整理尚未系统完整地进行。现有的新闻史著作中涉及新闻团体表述的不多，通常一带而过。大量新闻团体的资料也都散见于各种历史文献中，没有完整系统详尽的资料。新闻团体活动的史料被收录在相关史料汇编中的，主要有张静庐主编的丛书《中国近代出版史料初编》《中国出版史料乙编》《中国现代出版史料丙编》《中国出版史料丁编》《中国出版史料补编》等，这些资料汇编中收录了部分新闻团体成立时的章程等文献；方汉奇先生团队对新闻史料编辑做了许多杰出贡献，方汉奇主编的《民国时期新闻史料汇编》，方汉奇、王润泽主编的《中国人民大学新闻学院院藏稀见新闻史料汇编》，方汉奇、王润泽、郭传芹主编的《民国时期新闻史料续编》《民国时期新闻史料三编》《民国时期新闻史料四编》，这些史料汇编是各种学术史料的集结，可谓资料大全。不过，呈现清末民季新闻团体与活动的全貌的史料文献还须下大气力挖掘。

方蒙所著的《范长江传》一书，对抗日战争时期出现的中国青年新闻记者学会做了相关记述，但不全面；范苏苏、王大龙主编的《范长江与"青记"》比较详细记载了关于中国青年新闻记者学会的组建、发展、活动及其作用等方面的内容。其他研究成果中，方汉奇主编的《中国新闻事业通史（第一卷）》《中国近代报刊史》，王洪祥主编的《中国现代新闻史》，李龙牧的《中国新闻事业史稿》，马光仁的《上海新闻史》，秦绍德的《上海近代报刊史论》，刘家林的《中国新闻通史》，徐载平、徐瑞芳主编的《清末四十年申报史料》、桑兵的《清末新知识界的团体与活动》等著作都有相关新闻团体的表述。

二、对新闻团体的相关学术研究

中国近现代史上的新闻团体通过其业务活动及其组织工作，在表达职业诉求和社会诉求，抵制对报界的钳制、维护自身权益、从事新闻教育、培养新闻传播人才等方面，发挥了重要的作用。学者们对这些内容做了较为有意识的分析和批判，进行了相关的总结和归纳。以下对新闻团体的学术研究做分类表述：

1. 新闻团体的组建与发展

对新闻团体的记载和研究，从民国时期开始就有涉及，相关著作部分章节简要叙述新闻团体组建及其发展的主要有：

1917年，姚公鹤的《上海报纸小史》，便出现了有关上海报界团体的论述。姚公鹤将报界团体视为"大问题"，充分体现了他对报界团体重要性的认识。然而，当时的上海报界并没有实现团结，原因在于没有"共同利害"❶。

戈公振的《中国报学史》有专门一节介绍报界团体，内容包含中国报界俱进会和全国报界联合会的发起、成立与消亡过程。黄天鹏在《中国新闻事业》中，延续了戈公振对中国报界俱进会和全国报界联合会演变的描述，还详细论述了万国报界大会与1927年湖南新闻联合会的议案。❷ 同一时期的著作《浙江新闻史》，以较大篇幅论述了1928年成立的杭州记者联合会，并对报馆联合与记者联合作了明确区分。在作者项士元看来，报馆联合不足以成为广义上的新闻团体，记者联合才可视为一种广泛的新闻团体。❸

胡道静和张静庐都关注了上海报界团体的情况。胡道静描述了上海日报公会的成立情况，《神州日报》因刊载印度巡捕违法事件，被工部局控告。报界联合、组织公会，并请律师代为申理，此后，上海日报公会变成为上海报界的后盾。❹

刘望龄在《黑血·金鼓——辛亥前后湖北报刊史事长编》中，对武汉报界先后所组建的几个团体组织——汉口报界总发行所、汉口报界联合会、武汉报界公会分别做了简明扼要的介绍，并对武汉报界的联合行动、武汉报界与全国报界联合会的关系有所论列，使后人对于辛亥前后武汉的报界团体的了解深入一步。❺

方汉奇主编的《中国新闻事业通史》《中国新闻事业编年史》，简要叙述了

---

❶ 姚公鹤.上海报纸小史[J].东方杂志，1917，14（16）.
❷ 黄天鹏.中国新闻事业[J].民国丛书·三编（第41辑），上海书店，1991：128.
❸ 项士元.浙江新闻史（下册）[M].之江日报社，1930：290.
❹ 胡道静.上海新闻事业之史的发展[J].民国丛书·二编，1990（41）：31.
❺ 刘望龄.黑血·金鼓——辛亥前后湖北报刊史事长编[M].长沙：湖北教育出版社，1991.

天津报馆俱乐部、上海日报公会、中国报界俱进会、北京报界同志会、全国报界联合会等报界团体组织的成立与活动的部分史实。

马光仁的《我国早期的新闻界团体》是一篇全景式的概述性的文章，该文介绍了我国最早的新闻团体天津报界俱乐部和上海日报公会的成立，勾勒了全国性新闻团体和地方性新闻团体建立的概况，对新闻团体反对新闻管制、争取新闻自由、反对帝国主义侵略所进行的斗争作了叙述，对抗日战争期间国统区、汪伪政权的新闻团体分别做了分析，对中国共产党领导的进步新闻团体进行了探讨。❶

严独鹤在《解放前上海的新闻团体》一文中，对上海的两个早期新闻团体即上海日报公会和上海新闻记者公会进行了概括性叙述，简要介绍了他们的成立经过、成员构成、主要活动、存续时间等。❷

张瑞对清末民初新闻团体的特点进行了分析，提出报界报人表现出提倡合群的愿望、职业意识觉醒及以民主原则开展活动。❸

清末民初，北京的报人在致力于报业发展的同时，组建了报界公会、报界同志会、新闻记者俱乐部、报界联合会等新闻团体，以共同抵制报律、争取言论自由、维护报界公益，这些都表明报纸从业者的职业意识与职业认同感日益强化。有学者在研究中注意到近代中国新闻工作者职业意识的流变趋向，开始从新闻团体的视角来观测新闻职业化的变迁。❹

赵建国对近代中国报业同业组织发轫进行了辨析。晚清以来，随着报业的发展，报纸从业者的职业意识逐渐增强，北京、天津、上海、广州、武汉等地在报业相对发达，新闻团体在这些城市纷纷建立，表明从业者的职业意识和职业认同感增强，并向新闻职业化方向迈进。❺ 同年，赵建国发表《近代北京报界公会述评》，该文谈道，北京报界公会是近代北京地区第一个新闻团体组织，

---

❶ 马光仁.我国早期的新闻界团体[J].新闻研究资料，1988（1）.
❷ 严独鹤.解放前上海的新闻团体[J].新闻业务，1961（8）.
❸ 张瑞.清末民初新闻团体特点探析[J].青年记者，2013（29）.
❹ 赵建国.清末民初北京报业同业组织的演变[J].新闻大学，2006（1）.
❺ 赵建国.近代中国报业同业组织发轫辨析[J].新闻界，2006（3）.

该组织在抵制报律、争取言论自由、维护报界公益等方面开展了许多活动，其成立与组织活动是北京报界群体意识日益自觉的一个显例，可借此把握北京报界结社的特征与趋向。❶1913年成立的北京报界同志会是民初北京地区影响最著的报业同业组织，其成立与消亡均契入了较多的政治因素。从北京报界同志会的成立、发展及组织活动中，可以了解早期报界结社深受时局影响，进而可以看到近代报人群体既联合又纷争的复杂面相。❷清末民初，广州报界公会积极维护报界权益，充分表达民意，促成全国报界联合，扩大报界联合规模，成为当时颇具影响的社会团体之一。其组织活动反映了当时报界的思维和行为趋向，体现了民间社会势力的扩展，是考察近代国家与社会互动关系的重要视阈。❸上海日报公会是近代上海第一个报业同业组织，该组织制定了较为完备的会章，曾积极声援《神州日报》，促成中国报界俱进会成立，在民元报界名誉风波中与当局形成直接对抗。其成立与组织活动是上海报界群体意识日益自觉的一个显例。❹

廖声武对清末民季新闻团体的发展进行了详细的史料挖掘，并对其作用进行了分析。清末至中华民国一季，新闻团体的产生与发展，是紧随着时代的脚步的：新闻业的发展，使得行业协会产生；记者群体的扩大，催生了职业团体；教育的发展，带来了学术研究团体的出现。在中国新闻事业发展史上，新闻团体在团结同仁、维护自身利益方面发挥了重要作用；新闻团体在抵制当局禁锢言论，争取言论自由方面做出了努力；新闻团体率先倡导新闻教育，发展繁荣了新闻教育和新闻学术研究；中国新闻团体在促进社会进步和民族解放的事业中做出了自己的贡献。❺

胡凤对抗战时期的上海新闻团体的演变进行了分析，从由上海部分新闻从业者自发组织的新闻团体"记者座谈"谈到中国青年记者学会的成立，对"记

---

❶ 赵建国.近代北京报界公会述评[J].北京社会科学，2006（1）.
❷ 赵建国.民初北京报界同志会略论[J].郧阳师范高等专科学校学报，2006（2）.
❸ 赵建国.清末民初的广州报界公会[J].五邑大学学报（社会科学版），2006（5）.
❹ 赵建国.清末民初的上海日报公会[J].探求，2006（4）.
❺ 廖声武.清末民季新闻团体的发展及其作用[J].湖北社会科学，2014（11）.

者座谈"的解散时间及背景、"记者座谈"与"青记"的关系进行了叙述。❶

李乐以浙江鄞县新闻记者公会为案例，探讨了抗战后国统区地方新闻团体运作的始末。鄞县记者公会建立起较为严密的组织体系，积极在保障会员和新闻界权益、增进会员福利、扩大新闻界内外交往、参与政治和行业自律等方面发挥作用，从而较为有效地统合了当地新闻从业人员。然而，随着国统区经济形势的恶化，鄞县记者公会在经费上难以为继，并因此引发人事危机，团体的基础日渐动摇。❷

李统兴在文章中对1912年成立的湖南报界联合会进行了述评，作为湖南最早的新闻界团体，该会于1922年消亡，在湖南近代报刊史及湖南政治文化史上，留下了不可磨灭的印记。作者根据已有文献，对湖南报界联合会的诞生、演化、主要职责及历史意义，做了梳理与评价。❸

20世纪30年代，为冲破国民党新闻统制政策的封锁，一批思想进步的记者在左翼文化运动的背景下逐渐结成一个群体。最初，他们带着善良的愿望和纯粹的职业期许，想要"好好改造一番新闻界"，但随着时局持续不断的动荡，却不得不被政治裹挟着前行；随着民族危机的加深，他们不得不进行政治抉择。在这种背景下，他们对职业化的追求渐渐被革命斗争的需要和民族解放的大义所取代。转身之间，本该在新闻史上占有特殊地位的他们，也逐渐被遮蔽于复杂的历史叙事之中，以致成为我们今天报刊史书写中一个缺席的在场者。❹

关于西南地区的新闻团体史料的研究，相对较少。然而，实际情况是新中国成立前成都新闻界的团体比较多，已知的有报界公会、报界联合会、报业公会、记者公会、新闻学会、通信社协会、探访协会、访员协会等。但是，有关

---

❶ 胡凤.战时新闻学的积极践行者——从"记者座谈"到中国青年记者学会[EB/OL].中国社会科学网.

❷ 李乐.抗战后国统区地方新闻团体的运作及困境——以浙江省鄞县新闻记者公会为例[J].新闻界，2014（1）.

❸ 李统兴.湖南最早的新闻团体——民初湖南报界联合会述评[J].国际新闻界，2010（2）.

❹ 蒋含平，梁骏.转身之间：职业期许与救亡图存——1930年代的左翼记者群体考察[J].安徽大学学报（哲学社会科学版），2017（3）.

情况仅散见于档案、报刊，以及文史资料中，很不详尽，有的只是一些零碎片断。有学者根据资料，加以排比整理，以供研究成都报史参考。❶

安徽大学硕士研究生韦魏在硕士学位论文《袁殊的新闻活动——新闻理念、报刊实践、新闻团体建设研究》第三章探析袁殊对20世纪30年代上海新闻界四大新闻团体（中国新闻学研究会、左翼记者联盟、记者座谈、中国青年记者协会）的贡献，以及袁殊如何发挥自身卓尔超群的交际魅力，在那个动乱的年代团结了一批进步的新闻记者，为当代新闻理念研究、新闻实践做出了贡献。❷

张继汝在《近代武汉新闻记者团体研究（1927—1949）》中认为，中国新闻业的发展促进了新闻记者群体的形成，到20世纪初，新闻团体在中国出现。武汉新闻记者团体就是这种背景中出现的。新闻记者团体的出现无论是对新闻业的职业化，还是新闻记者的职业化进程都产生了重要的影响。❸

孙萍、赵云泽也在文章中对中国左翼新闻记者联盟进行了详细介绍。❹

陆诒在《"青记"前身——上海记者座谈》中，对"记者座谈"的组建、内容、发展进行了详细叙述。"记者座谈"从几位职业记者的偶然相聚与闲谈，发展到在当时大美晚报（华文版）的一角，逢周五出版周刊，以研究新闻学的理论与实践为主要任务。❺

陈娟对武汉时期的"青记"通过召开第一次全国记者代表大会、组织战地记者采访团、进行新闻教育、维护记者权益、争取新闻自由等活动，不但迅速奠定了其作为抗战时期一个全国性新闻团体的地位，而且为"青记"在全国各地发展会务、吸纳会员打下了坚实的基础。武汉"青记"奠定了整个"青记"的思想、组织和人员基础，是"青记"后续发展的范本和蓝图，在整个"青

---

❶ 西堂.解放前成都的新闻界团体[J].新闻研究资料，1987（4）.
❷ 韦魏.袁殊的新闻活动——新闻理念、报刊实践、新闻团体建设研究[D].合肥：安徽大学，2013.
❸ 张继汝.近代武汉新闻记者团体研究（1927—1949）[D].武汉：华中师范大学，2012.
❹ 孙萍，赵云泽.中国左翼新闻记者联盟[J].新闻前哨，2012（2）.
❺ 陆诒."青记"前身——上海记者座谈[J].新闻研究资料，1981（2）.

记"发展史中占有举足轻重的地位。❶陈娟从"青记"的发展历程、主要活动、历史评价等几个方面来研究,力求通过大量翔实的史料,对当今"青记"研究进行充实和完善。❷

2. 新闻职业化

清末民初,北京报界同仁以同业组织的形式,联络同仁,共同抵制报律、争取言论自由、维护报界利益,这表明报界同仁的职业意识与职业认同感日益增强。❸赵建国教授以新闻职业化为视角,还对清末民初的武汉新闻团体的演变进行了分析,这类新闻同业组织致力于职业化议题,争取言论自由,维护同业利益,整肃记者队伍,改善职业形象,提升行业地位,不断推进新闻职业化。不过,受政治干涉与报业发展滞后等因素影响,近代武汉新闻职业化虽有显著进展,但远未达到成熟状态。❹

赵建国出版了《分解与重构——清季民初的报界团体》一书(生活·读书·新知三联书店 2008 年版),这是一部专门研究中国新闻团体的著作,该书在大量史料的基础上,对 1905—1921 年新闻界结社和团体社会活动进行考察,着重探讨了报界群体自我认同和国民意识提升两个层面的进程。揭示了近代中国知识界与制度转型的关系。他的另一部著作《报刊的底色——近代中国新闻界与社会》(暨南大学出版社 2019 年版)在大量史料基础上通过论述新闻团体的构成、区域特点、新闻行业特征、职业化进程、政治活动与国家政策等阐释了新闻界的协作运动作用,认为它们是中国近代社会转型的动因。

胡焱等认为,民国初期新闻事业逐渐发展,职业化进程也开始起步。由于民初报业的独立性脆弱,报人的客观性原则出现一定程度偏离,新闻团体的内聚力不强等因素,致使民初新闻事业虽出现职业化倾向,但较之西方的新闻职

---

❶ 陈娟. 武汉"青记"活动纪略[J]. 新闻前哨, 2019 (10).
❷ 陈娟. 中国青年新闻记者学会历史研究[D]. 武汉: 华中科技大学, 2011.
❸ 赵建国. 清末民初北京报业同业组织的演变[J]. 新闻大学, 2006 (1).
❹ 赵建国. 清末民初武汉新闻团体的演变——以新闻职业化为视角[J]. 广东社会科学, 2014 (4).

业化运作机制而言,远不够成熟。❶

上海新闻记者联欢会 1921 年成立,这是一个实行个人会员制,组织形态相对完备的新闻团体。它在职业化方面,致力于强化同业间的联系,保障行业的权利,积极表达职业诉求;同时,创办专业期刊,开展新闻教育,举办学术讲座,这表明该团体在职业化方面所做的努力,具有标志性意义。不过,专业教育的空缺、过于宽泛的资格准入条件、职业技能的贫乏等诸多弊端,致使新闻职业化进程虽早已启动,但远不够成熟。❷ 20 世纪 30 年代,以报纸为代表的大众传媒快速发展,新闻记者人数大量增加,并成为政府所认可的自由职业群体。在新闻记者职业化的过程中,职业团体的发展也成为一种能见度颇高的社会现象。新闻团体在促进记者间的交往、维护记者的权益等方面起到了一定的作用,推动了民国时期记者职业化的进程。❸

胡凤关注到抗战时期的新闻团体,认为新闻记者的自我教育存在明显的从学术化、职业化向政治化的转向,以"记者座谈"为代表的上海新闻记者群体的转向颇具典型性。作为一个活动于局部抗战阶段的新闻团体,"记者座谈"成立初期以健全职业为宗旨,推动现役新闻记者的学术活动和自我教育,后期则逐步转变为以探讨战时新闻记者的舆论动员功能、战时新闻教育应有的模式为中心议题,显现出鲜明的政治导向。转变中的"记者座谈"在中国共产党引导下,以建立抗日民族统一战线为舆论风标,呼吁成立新闻界战时联盟。以"记者座谈"以及与它相关的文本为研究中心,可以窥知中国新闻记者的自我教育在战时由学术化向政治化转变的轨迹及模式。❹

余玉认为,新闻职业共同体是由价值维系的"想象的共同体",其建构是一个历史演化过程。他着重探讨了自近代新闻业开启以来新闻职业共同体在中

---

❶ 胡焱,王理."非充分性职业化"——关于民国初期新闻事业的职业化形态思考[J].青年记者,2012(17).

❷ 赵建国.上海新闻记者联欢会与近代新闻业的职业化[J].新闻与传播研究,2009(3).

❸ 田中初,余波.职业团体与新闻记者职业化——以二十世纪三十年代为中心[J].新闻大学,2016(3).

❹ 胡凤.从健全职业到服务抗战:抗战语境下新闻记者自我教育的转向——以上海"记者座谈"为中心[J].安徽大学学报(哲学社会科学版),2019(6).

国的嬗变历程，探寻其在晚清民国时期的源起与孕育（1815—1905）、萌芽与建构（1905—1928）、分化与重构（1928—1949）的独特演变轨迹和发展逻辑，并考察各个历史阶段新闻职业的信仰共同体、利益共同体和知识共同体的现实表征，以期揭示中国近现代新闻共同体演进的源流关系及其对当代的启示。❶

20世纪二三十年代，上海都市社会的超常演进和新闻事业的快速发展催生了专职记者群体。之后，凭借着优异的个人专业素养，依靠报馆系统化的新闻采集模式、报界组织化的新闻职业团体，以及与学界共同建立的制度化专业知识产制系统，专职记者群体取代公雇访员成为时代发展的必然趋势。❷

陕西师范大学新闻学硕士研究生林庆考察清末民初时期各类新闻界团体的创建过程及组织活动，把握不同历史时期新闻界结社的特征与趋向，进而对中国新闻事业的职业化进程和中国早期新闻专业主义理念的构建研究补充必要成分。清末民初的新闻界团体对中国近代新闻事业的影响，说明其对中国新闻事业职业化的推进和对中国早期新闻专业主义理念的构建做出的贡献，并分析其仍旧存在的局限性。❸

20世纪20年代初期，伴随新闻职业新的发展趋向及群体自觉，在政治环境与执业环境恶化的影响下，组建新闻记者职业团体成为北京新闻界共识。然而由于筹备过程中传出当局因"金佛郎案"收买报馆之消息，导致职业团体的筹设节外生枝，并最终演变为业界内讧，致使新闻记者公会流产。北京新闻记者公会的酝酿虽表现出近代中国新闻记者构建职业共同体的努力与尝试，但受制于社会条件、职业意识及政治因素之影响，其距离形成稳固和"自觉"的职业共同体仍相距甚远。随后因国共两党的"动员"，新闻记者虽实现了以职业为依托的集聚，但在政治与职业的夹缝中亦造成通往职业共同体的难局。❹

---

❶ 余玉.中国近现代新闻职业共同体的肇始与演进（1815—1949）[J].现代传播，2019（12）.
❷ 路鹏程.中国近代公雇访员与专职记者的新陈代谢——以1920—1930年代上海新闻业为中心的讨论[J].新闻与传播研究，2014（8）.
❸ 林庆.清末民初中国新闻界团体职业意识初探（1905—1921）[D].西安：陕西师范大学，2011.
❹ 张继汝.职业共同体的再起与难局——以1923年北京新闻记者公会的酝酿为中心[J].新闻与传播研究，2018（1）.

罗映纯在其《近代中国新闻职业化的建构——以民国新闻教育为考察中心》一文中，用一章的篇幅从报馆、报界团体、新闻教育这三大网络，探讨了20世纪20年代中国的新闻场域，对近代高等教育与职业阶层的崛起作了梳理。在这一章中，作者用了专门一节内容来分析报界团体怎样成为一个倡导新闻职业公共利益的平台，从倡建报界团体的初衷、以报馆为主体转向以记者为主体、早期报界团体的贡献与局限等方面进行了阐释。❶

3. 新闻团体对言论自由的维护、参与新闻法制建设

新闻团体以群体自认意识为新闻界拓展言论自由空间，是新闻界争取言论自由的一支独特力量。清末民初是我国新闻团体相对活跃的时期，其争取言论自由经历了自发产生到自觉维护和不断抗争的复杂发展过程。余玉以辛亥革命和"五四"运动为分界点，从我国新闻团体言论自由意识的萌芽与发展、回归与往复、自觉与挫折三个阶段，探寻1905—1928年新闻团体争取言论自由的历史轨迹，并指出新闻团体在争取和维护言论自由方面所存在问题。❷

徐基中探讨了座谈同人在民族危亡的关头，对新闻界应有的立场和作为的认识，即新闻界应站在国难的最前线，负起救亡的责任，与国家民族休戚与共，新闻从业人员应开展自我批判，整饬风纪，建立新闻界的联合阵线，努力从事国际宣传。同时对国民党的新闻统制和新闻检查制度进行批判。这既是座谈同人自觉的职业诉求，也是履行政治使命的需要。❸ 朱传誉则拓宽了清末民初报律研究的范围和深度，介绍了当时一些报纸和北京报界对报律内容的批评，以及在报律实施过程中北京报界公会所采取的抵制措施，为后人认识北京报界公会的性质、了解北京报界公会的活动提供了线索。❹

清末民初，各新闻团体积极参与新闻法制建设，尝试多种措施，通过不同途径与政府展开交涉，试图最大限度地影响相关法律的制定，以期保障新闻自

---

❶ 罗映纯.近代中国新闻职业化的建构——以民国新闻教育为考察中心[D].广州：暨南大学，2015.

❷ 余玉.清末民初新闻团体争取言论自由的历史轨迹[J].现代传播，2014（10）.

❸ 徐基中.国难当头的责任担当与自由守望——以《记者座谈》为中心[J].国际新闻界，2013（1）.

❹ 朱传誉.中国民意与新闻自由发展史[M].台北：正中书局，1974.

由，维护报业权益，并为政府出台新闻法规提供意见依据。然而，由于立场差异显著，虽然历届政府在一定程度上能采纳新闻团体的建议，但两者之间仍然存在不少矛盾，这就制约了近代中国新闻法制建设的进程。❶

4.报界与政府、社会各界的关系

民国初期，各类新闻团体不断涌现，这些团体在抵制报律、争取言论自由、维护报界公益等方面可圈可点，在与政府当局关系上表现了报界的独立态势，群体自觉意识明显。但受时局影响，报界出现分化趋势。从报界团体的活动中，既可了解这些组织的特征与趋向，又能看到近代报人群体既联合又纷争的复杂面相，为研究近现代社会群体史提供借鉴。❷ 浙江师范大学中国史专业的硕士研究生余波在其硕士学位论文中，对民国时期上海新闻记者工会成立的背景、演变、内部管理与参与社会事务等方面进行了详细阐述。民国时期，上海是近代中国新闻业的中心之一，上海的新闻记者群体发展迅速。余波在其论文中从上海新闻记者公会内部管理、维护记者权益、加强团体与记者群体内部联结等方面展开论述，考察记者公会如何通过增强记者群体职业认同，形成新闻记者职业共同体等推动记者群体的职业化。同时，该论文结合记者公会所开展的各类活动，分析了记者公会与政府之间的既妥协又抗衡的复杂关系。❸

赵建国在《清末明初的上海日报公会》一文中，谈到上海报界名誉风波时，认为"上海日报公会一度与新生的共和政权展开直接对抗，引发了轰动一时的上海报界名誉风波，形成报界与南京临时政府的交互较量"。

国民革命时期，出于统一革命宣传的需要，武汉新闻记者联合会在中共领导下应运而生。张继汝通过对武汉新闻记者联合会相关报刊资料的挖掘，对这一新闻记者团体的成立背景、创建过程、历史贡献分别进行了详细的叙述与总结。在中共党员和国民党左派人士的影响下，武汉新闻记者联合会在整顿新闻记者队伍、发起全国新闻记者联合会及反军阀、反帝国主义的斗争中都发挥了

---

❶ 赵建国.清末民初的新闻团体与新闻法制建设[J].广西社会科学，2010（5）.
❷ 赵建国.论民元时期的报界团体及其活动[J].江西社会科学，2010（6）.
❸ 余波.民国时期上海新闻记者公会研究[D].金华：浙江师范大学，2016.

重要作用。❶ 有学者对国民党政府对新闻团体的控制作了关注。1927—1937 年，以国家社团主义为社会治理理念和方策的国民党政府，改变了北洋政府放任新闻团体发展的态度，积极有效地指导与监督新闻界的结社组团。国民党对新闻团体采取分而治之的政策，旨在对新闻团体进行控制与收编，将其整合到党国政体的架构之中。但国民政府对新闻团体的法度化客观上在提倡与规范新闻团体方面起到推动作用，扩大了新闻界的活动空间，加速了中国近代新闻职业化进程。一定程度上，这十年间的新闻团体形塑了有限的公共空间，架起国家与社会之间的桥梁。❷ 另外，中国传媒大学的硕士研究生刘倩男在文章《上海沦陷时期汪伪政权的报刊舆论控制研究》中，谈及汪伪政权通过组建御用新闻团体。这些新闻团体积极宣传"大东亚"战争，上海新闻联合会在宣言中甚至自称愿意"为宣传国策，唤起民众"，"效忠东亚，完成'大东亚'战争之胜利"竭尽全力。❸

南京师范大学硕士研究生肖子木以 1921—1949 年上海的记者团体为主要研究对象，试图描绘民国时期新闻记者职业维权的公共图景，并借助职业社会学中的相关理论，从职业管辖权、职业意识的视角，及社会资本的相关理论，对记者团体在不同阶段的维权特点及影响因素作出分析。❹

武汉国民政府时期，武汉地区的武汉新闻记者联合会成立。这一组织的筹组工作是在中国共产党的领导下展开的。这个新闻团体是由董必武、宛希俨、孙际旦、马念一、李达可、石信嘉等联合十八家国民党党政军及私营报社、通讯社的编辑记者发起成立的。1927 年 3 月 20 日在汉口的中央人民俱乐部举行成立大会。武汉新闻记者联合会在投入反蒋斗争的同时，推动了出版界的反帝斗争。❺

---

❶ 张继汝.试论国民革命时期中共领导下的武汉新闻记者联合会[J].中共党史研究，2014（5）.
❷ 虞文俊.规范与限制：国民党新闻团体政策之考察（1927—1937）[J].现代传播，2017（7）.
❸ 刘倩男.上海沦陷时期汪伪政权的报刊舆论控制研究[J].新闻研究导刊，2015（14）.
❹ 肖子木.民国上海记者团体的职业维权研究（1921—1949）[D].南京：南京师范大学，2019.
❺ 马光仁.武汉国民政府时期的武汉新闻界[J].新闻大学，1989（1）.

5. 报界/新闻团体与境外同业的交流

齐辉对中国报界/新闻团体参与世界报纸展览会以及举办上海世界报纸展览会进行了细致的考察与研究。❶ 郭冲、朱至刚也通过对民国时期"报纸展览会"的史料搜集与研究，提出报展所历经的"新知"到"旧闻"再到"惯习"的转变过程，以及其作为媒介的"交流""学习"及"抗争"意涵。民国报展与新闻组织是共生关系。报展的发展，其背后是新闻职业化以及新闻团体的发展。❷ 赵建国也关注到民国初期，新闻团体与境外的交往关系。他对民国初期的记者群体与各国驻华记者联合创设合作组织的情况进行了详细考察，分析了中国新闻界派遣代表团赴日视察，并出席世界报界大会的意义。中国记者与驻华外国记者联合创建了北京中日记者俱乐部、东三省中日记者大会、万国报界俱乐部等常设性机构。上海日报公会、北京报界同志会和全国报界联合会相继组织赴日视察团，对外交往的规模逐渐拓展。中国记者两度出席世界报界大会，进一步密切了与各国记者的联系。❸

此外，赵建国在《民初中日新闻界的交流与对抗——以东三省中日记者大会为中心》一文中，论及民国元年天津报界联合会与武汉报界联合会曾联合致电全国同业，提议加入万国报界联合会，引起各地报馆的共同关注。"或函电赞同，或远道来沪，均注重加入万国同盟一事"❹。在另一篇文章中，他分析国民外交运动的兴起。清末民初，"新闻界不仅充任民众的耳目喉舌，表达其外交意愿，而且以国民代表自居，监督政府，向导民众，时常扮演领导角色"。新闻界在国民外交中发挥了重要的作用。❺

赵建国等在《民国新闻界走向世界的盛举：以世界报界大会为中心》中，就民国新闻界在 1915 年和 1921 年两次委派代表，远渡重洋，赴美出席世界报

---

❶ 齐辉. 民国报业展览会与中国现代新闻业的成长——以上海世界报纸展览会为中心 [J]. 国际新闻界, 2010 (10).
❷ 郭冲, 朱志刚. 学习、交流与抗争：作为媒介的民国报纸展览研究 [J]. 现代传播, 2019 (4).
❸ 赵建国. 民国初期记者群体的对外交往 [J]. 江汉论坛, 2006 (8).
❹ 赵建国. 民初中日新闻界的交流与对抗——以东三省中日记者大会为中心 [J]. 安徽大学学报（哲学社会科学版）, 2016 (4).
❺ 赵建国. 清末民初的新闻界与国民外交 [J]. 学术月刊, 2010 (12).

界大会提出，新闻界出席报界大会不只是单纯的职业行为，而颇有国民外交的意味，是争夺国际话语权的一种尝试。❶

6. 新闻团体与新闻教育

曾虚白在《中国新闻史》中，详细论述了报界团体对新闻教育的贡献。❷邓绍根《中国新闻学的筚路蓝缕：北京大学新闻学研究会》一书，从北京大学新闻学研究会成立的时代背景、发展历程、会长和导师、会员研究、会刊等方面，对北京大学新闻学研究会做了立体、系统的研究。

廖声武等对民国时期新闻团体的新闻教育实践进行了详细的史料考察与分析。当时新闻团体同各类学校一道共同推动了新闻教育的发展。在这个过程中，新闻团体对新闻教育起到了重要作用，主要体现在：新闻团体首倡开展新闻教育，它用自己的实践开启了中国新闻教育端绪，并积极参与其中。在战争环境下，新闻团体仍坚守着新闻教育的阵地，成为新闻教育的一支特殊力量。新闻团体在民国新闻教育方面卓有成就，主要包括：首倡新闻教育；推出了一些有影响的研究成果；培养了一大批优秀的新闻工作者和其他各方面的人才。❸赵建国则关注到民国初期，上海新闻界对新闻教育和新闻学术研究的倡导，对上海新闻界联合创建上海新闻记者联欢会，以及新闻学演讲会、上海新闻学会、上海报学社等新闻学术团体进行了详细的叙述。❹

有学者将关注点放在抗战时期的新闻教育，将这一时间段的新闻教育与中国新闻学会的成立结合起来进行考察，对战时国民党"指导"下的中国新闻学会的成立进行了历史溯源，对其无条件服从国民党宣传政策的导向与延续中国青年记者学会的人才培养模式做细致分析，并基于中国新闻学会与"青记"的

---

❶ 赵建国，黄嘉悦.民国新闻界走向世界的盛举：以世界报界大会为中心[J].兰州大学学报（社会科学版），2016（2）.

❷ 曾虚白.中国新闻史[M].台北：三民书局，1966：674.

❸ 廖声武，余玉.民国时期新闻团体的新闻教育实践及成就[J].湖北大学学报（哲学社会科学版），2014（5）.

❹ 赵建国."改良吾国新闻事业"：民国初期上海新闻界的新闻学术活动[J].兰州大学学报（社会科学版），2019（1）.

比较，提出了中国新闻学会没有达到"青记"培养效果和涉及广度。❶

抗战时期，中国共产党培养新闻人才的重要介质是新闻团体和新闻出版物。以中国青年记者学会为代表的新闻团体出版了《新闻记者》《战时新闻工作入门》等几十种报纸、期刊、书籍，这种多元、多层、针对性强手段，在新闻人才培养方面，取得了很好的效果，不仅培养了一大批青年记者，也为中国共产党集中培养了大批后备干部。在这个过程中，新闻出版物成为新闻人才培养的教材和资源，还担负传播中国共产党抗战政策，鼓动和组织民众参与抗战的大众传媒的教育功能。❷

段勃对中国最早研究无产阶级新闻学的新闻学术社团进行了史料梳理，对中国新闻学研究会的成立与结束，以及左翼新闻记者联盟的成立、主要任务和解散进行了叙述。❸ 陆彬良对"北京大学新闻学研究会"的创办进行了详细叙述。作为我国第一个有组织的新闻学研究团体，前后虽只两年多一点时间，但由于它的民主的、进步的宗旨和章程，以及它的一些重要成员的进步活动，使它成为"五四"时期有名气、有影响的社团之一。❹ 还有研究成果对民国时期带有新闻学术研究性质的社团，包括平津、上海、湖北、江苏等地的新闻学术研究社团分别进行了分析。❺

全面抗日战争爆发之后，许多新闻教育机构被迫停办，少数内迁后坚持下来的又不得不缩小规模。为适应战时舆论动员的需要，除院校调整办学规模之外，政府、政党、新闻团体等主体开始开设战时新闻培养机构，这些机构以新闻短训班、新闻训练所为主。这种时间短、见效快、针对性强的新闻教育模式开始兴起。胡凤对此进行了分析。❻

---

❶ 胡凤. 中国新闻学会与抗战后期的中国新闻教育 [J]. 青年记者，2018（34）.

❷ 胡凤. 抗战时期中国共产党新闻人才培养：以"青记"为中心的考察 [J]. 现代传播，2019（8）.

❸ 段勃. 中国最早研究无产阶级新闻学的社团——从中国新闻学研究会到左翼新闻记者联盟 [J]. 编辑之友，2011（8）.

❹ 陆彬良. 我国第一个新闻学研究团体——北京大学新闻学研究会始末 [J]. 新闻研究资料，1980（3）.

❺ 段勃. 民国时期新闻学术社团探析 [J]. 编辑之友，2011（9）.

❻ 胡凤. 抗战舆论动员与战时新闻教育模式的形成 [J]. 合肥学院学报（综合版），2017（6）.

7. 新闻团体与社会管理

新闻团体的组建在社会管理方面发挥了重要作用。不少学者对此进行了深入分析。辛亥革命之后，报界在上海成立了中国报界俱进会，1919年，又成立了全国报界联合会。在报业发展过程中，报界同人形成相对独立的身份认同感和职业群体意识。他们组建为数众多的团体组织，借此表达行业的共同意愿，维护报界公益。报界群体以团体形式取代血缘与地缘纽带，改变群体的社会处境，提升了职业吸引力。❶

抗战时期，中国报人群体投身于民族解放战争的洪流中。中国青年新闻记者学会是抗日战争初期成立，在中国新闻界产生过较大影响的新闻团体。廖声武对中国青年记者学会在武汉的诞生，以及在武汉期间，作为民间社团组织，它为团结全国进步力量抗日救国起到的积极作用进行了分析。❷ 齐辉关注了这一时期的抗日救亡与报人群体，"中国青年新闻记者学会"成立，青年记者奔赴前线采访报道。之后，中国新闻学会成立。在民族危亡之际，新闻团体发挥着重要作用，以职业为纽带结成抗日民族统一战线。❸ 何璇也在《抗战烽火中的新闻团体》一文中，对中国新闻团体的形成进行了分析，并对抗战时期中国新闻团体的新闻宣传活动、倡议捐献活动等进行叙述。随着抗战爆发，中国新闻团体在凝聚民族情感激励全民抗战以及推动"抗日民族统一战线"的建立等方面发挥了重要作用。❹ 何璇的博士学位论文还从市民社会和公共领域视角，将报界公会纳入其所处的社会系统和时代背景之中进行分析，透过报界公会的活动和影响，解析报界公会的内部治理和外部交往，探讨报界公会与市民社会的互动，论证报界公会对于构建公共文化领域，沟通政治国家和市民社会的功用。❺

民国南京政府后期，国统区新闻团体的活动异常活跃。艾红红和马阳对民

---

❶ 周奇，赵建国. 近代中国报人群体的兴起与社会变迁[J]. 学术月刊，2008（10）.
❷ 廖声武. 中国青年新闻记者学会在武汉[J]. 新闻前哨，2012（11）.
❸ 齐辉. 抗日救亡与中国报人群体[N]. 中国社会科学报，2015-08-20.
❹ 何璇. 抗战烽火中的新闻团体[J]. 军事记者，2015（8）.
❺ 何璇. 近代报界公会与公共文化空间的成长（1902—1937）[D]. 武汉：武汉大学，2017.

国南京政府后期国统区新闻团体的主要活动进行了分析。新闻团体对外行使会员（单位）赋予的社会职责，代表新闻界与政府和其他行业沟通，维护行业利益；对内则加强治理整顿，提升行业水准。各新闻团体这一时期的活动所呈现的时代性、政治性和行业性特征，正是上述因素交互作用的反映。❶ 学者虞文俊则将关注焦点对准日本关东军殖民统治中国东北时期的新闻团体活动。日本关东军占领中国东北以后，在应对中苏宣传战与建设"复合民族国家"的背景下，以所谓的日"满"合作形式，成立"满洲弘报协会"。它从最初的同业公会变成垄断媒介经营的股份有限公司。在存在的5年（1935年11月—1940年12月）时间里，"满洲弘报协会"作为投资公司，始终以非官方机构出现，然而实际上接受日"满"当局的指导与监督，充当其统合全"满"言论机关的外围机构，沦为日本关东军殖民统治中国东北的帮凶。❷

三、对已有研究的评价和反思

（一）研究对象、内容、主题发掘不充分

1. 研究对象方面，缺乏对新闻团体的系统性研究

已有研究大多偏重上海、北京、广州、南京等少数几个大城市，对于其他地区城市的新闻团体则重视不够，而且多是以记者公会组织为研究对象，关注了它们对扩大行业影响、改变职业地位的努力，但对记者群体涉及甚少。因此，已有成果仅展现了记者公会的局部面貌，关于其整体发展史并不清晰。目前，已有研究在时段上的选择还大多限于清末民初至南京国民政府前期（1905—1937），南京国民政府中后期（1937—1949）尚未受到应有的重视，对这一时期国民党的新闻团体、共产党领导的新闻团体及汪伪集团的新闻团体没有进行深入研究。

---

❶ 艾红红，马阳. 论民国南京政府后期国统区新闻团体的主要活动及其特征［J］. 传媒观察，2018（5）.

❷ 虞文俊. "满洲弘报协会"探微［J］. 新闻大学，2018（4）.

2. 研究内容方面

对新闻团体组织网络的探讨有待深入，尽管不少成果考察了记者公会的兴起及组织结构，但一定程度上忽视了记者群体尤其是有影响力的记者对记者公会组织变迁、活动开展的重要影响及记者公会组织网络的研究。记者组织网络及记者公会在记者群体认同与联合中扮演何种角色等，均有进一步讨论的空间。因此，对记者公会组织的考察，不能忽视对有影响力的记者与组织之间关系及其作用的深入研究。

3. 研究主题方面

对新闻团体在捍卫自身权益及介入政治、参与革命等活动缺乏深入讨论，在民国政治与社会的发展过程中，新闻团体因其社会代言人与集体力量，在地社会及整个社会组织中居于重要地位。作为新闻从业者，记者是社会代言人；作为团体组织，记者公会理应坚决维护国家和民族利益，为社会发声。民国时期政局动荡，新闻团体如何在突出行业特点与政治参与中做出选择，如何在社会转型与言论自由、抗战与投降、社会革命与唤起民众中做出选择，如何维护公民言论自由，如何贯彻职业使命与实现历史使命，都是值得讨论的重要主题。

4. 对新闻团体成立的背景及功能研究不足

背景与功能相互依存，背景不同功能也不同，例如记者俱乐部是记者们抱团取暖的，其中一个功能是与报馆对话的。而报馆联盟则主要以与政府对话为主要结社目的。新闻团体还有分民间自组和官方主导成立两大类，其背景及功能亦大不相同。

（二）研究视野及方法尚存局限

尽管学术界对中国新闻史尤其报学史的研究，早已从全国性向本地性、区域性方向扩展，从媒体研究向媒体人研究延伸。但已有关于新闻团体研究的专题性成果却比较少见。因此，新闻团体研究视野有待进一步拓展。在研究方法方面，已有研究多在新闻学领域内展开，较多学者以史料为基础来进行论证，但有些问题除须加强史料发掘之外，更要注重结合政治学及社会学的相关理论进行讨论。

(三)突破方向

针对上述问题,在新闻团体方面研究要进一步深入,在充分发掘、系统收集资料的基础上,须在研究主题、内容和视野等方面有所突破。具体情况如下。

1. 在研究主题方面

加强对新闻团体进行整体性探讨。现有研究多就新闻团体某一时期、某一专题进行讨论,既缺少对新闻团体的纵向历史的梳理,也鲜有对其进行整体性研究。事实上,新闻团体在捍卫自身权益及介入政治、参与革命等方面活动相当活跃。在民国政治与社会的发展过程中,新闻团体在突出行业特点与政治参与、维护公民言论自由,号召社会革命与唤起民众做出过杰出工作。鉴于此,需在分析新闻团体个性特征的基础上,重点探讨它们的共性特征,加强对新闻团体的系统性、整体性研究。

2. 在研究内容方面

对新闻团体组织网络的探讨。记者群体尤其是有影响力的记者对记者公会组织变迁、活动开展具有重要影响,民国时期的记者团体,往往成立时热热闹闹,经过一段时间后偃旗息鼓,存续时间不长,这里有各种影响因素,但对记者公会组织的考察,不能忽视对有影响力的记者与组织之间关系及其作用的关注,另外不能忽视团体与社会历史变迁之间的关系的深入研究。

3. 在研究视野方面

注意从全国性向区域性方向扩展延伸。在充分重视全国性团体组织研究的基础上,将地方团体组织纳入研究范畴,将全局性和区域性视野结合起来,整体考察新闻团体的发展状况。民国时期,中国社会是一个急剧变化、深刻转型的时期,区域性的新闻团体在社会变革中间更深刻地凸显了新闻从业者的职业意识和国民的素质的嬗变。因此,须综合运用历史学、政治学、社会学的相关理论,在国家视野和区域格局下对新闻团体进行分析和研究。